창업의 이해

배호영 | 박창기

Venturing
Entrepreneurship

박영사

| 머리말 |

최근 도래된 4차 산업혁명Fourth Industrial Revolution은 ICT를 중심으로 제조업, 유통업, 서비스업 등 국내 산업전반의 급격한 변화를 초래하고 있다. 이러한 4차 산업혁명은 기존의 산업혁명과 비교했을 때 변화의 속도가 매우 빠르며, 이러한 변화에 적응하지 못하는 기업은 급격히 쇠퇴할 수밖에 없는 동태적 경영환경을 창출하고 있다.

이에 4차 산업혁명 시대에 살고 있는 기존창업가 및 예비창업가들은 이러한 급격한 환경변화 속에서도 창업기회를 발굴할 수 있는 기업가정신을 함양해야 하며, 창업아이템 선정과 창업타당성 분석시에도 이러한 환경변화를 반드시 고려할 수 있어야 할 것이다.

본 교재는 멀지않은 미래에 창업을 희망하는 대학 학부생과 창업컨설턴트가 되기를 희망하는 대학원생창업대학원, 컨설팅대학원, 경영대학원 등을 대상으로 창업학의 기본개념과 실무지식을 체계적으로 학습시키기 위하여 전략적으로 기획되었다. 또한 실무에서 창업컨설팅을 수행하고 있는 창업컨설턴트의 창업관련 이론정리를 위해서도 도움이 될 수 있도록 작성하였다.

특히 본 교재는 타교재와는 달리 창업기업의 기업수명주기Corporate Life Cycle에 초점을 두고 단계별로 부Part를 구분하였다. 즉, 제1부에서는 창업준비단계, 제2부에서는 창업시작단계, 제3부에서는 창업운영단계, 제4부에서는 창업출구단계로 구분하여 관련 내용을 알기 쉽게 설명하려고 노력하였다. 특히 현 시대적 조류인 4차 산업혁명을 창업에 접목시키기 위해 노력하였고, 현직 교수와 현직 컨설턴트가 협업하여 이론적 지식과 실무적 지식을 균형있게 담기 위해 노력하였다.

세부적으로 살펴보면, 제1부Part 1에서는 창업의 이해제1장, 창업환경분석
제2장, 창업기업가정신과 창업전략제3장으로 구성되어 있으며, 제2부Part 2에서
는 창업아이템 선정과 창업타당성 분석제4장, 창업사업계획서 작성제5장, 창
업기업의 설립제6장으로 구성되어 있다. 또한 제3부Part 3에서는 창업기업의
인적자원관리제7장, 창업기업의 마케팅관리제8장, 창업기업의 재무관리제9장,
창업기업의 생산운영관리제10장로 구성되어 있으며, 제4부Part 4에서는 창업
기업의 출구전략과 글로벌경영제11장, 창업기업의 혁신제12장으로 구성되어
있다.

이러한 본 졸저를 통해 창업의 기본개념과 실무지식에 대한 학습에 도
움이 되기를 진심으로 희망한다. 다만, 본 저자들의 노력에도 불구하고 부
족한 역량으로 인해 미비한 내용은 추후 여러 지적을 적극 받아들여 지
속적으로 개선할 수 있도록 노력하겠다. 이에 본 저서와 관련하여 미비
한 내용은 언제든 대표저자 이메일flute20@empas.com로 보내주시기를 바란다.

마지막으로 본 교재를 흔쾌히 발간해주신 박영사 대표님과 영업부·편
집부 선생님들께 감사드리며, 본 교재 발간에 도움과 관심을 보내주신
모든 분들께 진심으로 감사드린다. 특히 늘 든든한 힘이 되어주는 가족
들께 제일 감사드린다.

2019. 1.

저자 일동

| 차례 |

Part 1. 창업준비단계

Part 2. 창업시작단계

Part 3. 창업운영단계

Part 4. 창업출구단계

창업준비단계

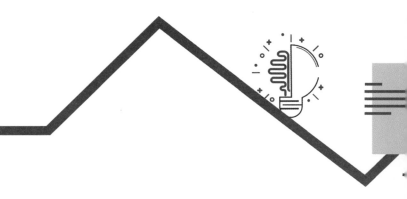

CHAPTER 1

창업의 이해

CHAPTER 1
창업의 이해

제1절 창업의 개념

창업Start-Up이란 새롭게 기업을 설립하는 것을 의미하는데, 전세계적으로 창업이 더욱 활성화되며 창업의 중요성이 더욱 커지고 있다. 또한 앞으로도 창업 분위기는 더욱 활성화될 것으로 기대된다. 그 이유를 살펴보면 다음과 같다.

1. 정책적 측면

우리나라는 현재 정책적 측면에서 창업지원 예산을 지속적으로 확대하고 있다. 2018년 우리나라의 창업관련 예산은 7,796억원이며[1], 향후 창업관련 예산은 지속적으로 증가할 것으로 예상된다.

2. 시장적 측면

대기업의 상시 구조조정이 강화되고 있으며 청년실업률이 높아지는 추세이므로, 청년 구직자들의 창업에 대한 관심과 준비가 커지고 있다. 머니투데이와 취업포털 인크루트가 20~30대 인크루트 회원

---

1 중소벤처기업부 공고 제2018-2호, 2018.1.3.

257명을 대상으로 실시한 공동 설문조사에 따르면 '창업을 고려한 적이 있냐?'는 질문에 20~30대의 66.1%는 '있다'고 답했다.[2]

3. 기술적 측면

최근 4차 산업혁명Fourth Industrial Revolution 시대를 맞이하여 인공지능, 빅데이터, 사물인터넷, 로봇, 3D 프린터, 드론 등 신기술 관련 기술창업이 중요시되고 있다. 이에 창업아이템 선정시 관련 기술과의 접목이 필수적이다. 4차 산업혁명의 ICTInformation & Communication Technology 신기술은 제2장창업환경분석에서 세부적으로 설명한다.

4. 인력적 측면

최근 신세대들은 기성세대와는 달리 집단의식보다는 개인의식이 강한 특성이 있어, 수직적·관료적인 대기업에서 근무하는 것보다 수평적·창의적인 벤처기업에서 근무하는 것을 선호하는 경우가 많아지고 있다. 또한 실패를 두려워하지 않고 새로운 도전을 즐기는 기업가정신을 가진 청년창업자들이 증가하고 있다. 이러한 청년창업자들의 기업가정신이 성공적인 창업으로 연결되는 경우가 많고, 창업에 성공하면 명예와 부富가 따라 오는 성공적인 인생을 살 수 있다.

---

2 차이나포커스 신문기사, "높은 청년실업률 극복, 프랜차이즈 소액창업으로 청년창업자를 꿈꾸게 하다", 2018.2.19.

제2절 창업의 요소

앞에서 살펴본 창업의 개념을 바탕으로 창업을 준비할 때 필요한 요소에는 3가지가 있다. 즉 창업의 3요소는 <표 1-1>과 같이 창업팀^{Team}, 창업자본^{Capital}, 창업아이템^{Item}이라고 할 수 있다. 이는 경영의 3요소^{3M : Man, Machine, Material}와 유사하다고 할 수 있다.

표 1-1. 창업의 3요소

구분	창업의 3요소	경영의 3요소
인적 요소	창업팀 (Team)	Man
물적 요소	창업자본 (Capital)	Machine
기술적 요소	창업아이템 (Item)	Material

1. 창업팀 (창업자)

창업팀은 기업을 창업하려는 창업자 또는 집단으로써, 창업의 인적 요소를 의미한다. 창업팀은 창업에서 가장 중요한데, 일반적으로 기술^{아이템분야} 창업가와 비즈니스^{경영분야} 창업가가 창업팀을 이루어 창업하는 것이 유리하다. 왜냐하면 대부분의 창업 실패사례를 분석해면, 창업가가 차별화된 기술을 보유하고 있음에도 불구하고 비즈니스를 알지 못해 판매가 잘 되지 못하는 경우가 많았기 때문이다.

2. 창업자본

창업자본은 창업에 필요한 설비나 시설을 준비하기 위한 자본으로써, 창업의 물적 요소를 의미한다. 창업자본은 일반적으로 창업자의 자본, 정부자금, 벤처캐피탈 등으로 조달된다. 자금운영과 관련된 내용은 매우 중요하므로, 창업시기에 따른 상세한 자금계획 수립이 필수적이다.

3. 창업아이템

창업아이템은 창업하려는 핵심기술로써, 창업의 기술적 요소를 의미한다. 또한 창업아이템은 창업아이디어가 구체화된 개념으로써, 창업팀 제품이나 서비스의 핵심역량Core-Competence라고도 할 수 있다.

특히 '포춘지fortune'가 제시한 창업자 자질 자가진단표는 <표 1-2>와 같다. 아래 각 항목에 대하여 1~10점 점수를 매긴후, 81점이 넘으면 훌륭한 창업자 자질을 갖춘 것으로 판단하면 될 것이다. 이 책을 읽는 독자들은 본인이 창업자로서의 자질이 있는지 아래 표를 보고 직접 자가진단을 해보길 바란다.

표 1-2. 창업자 자질 자가진단표 (포춘지 제공)[3]

항목	질문	점수
1	변화에 유연하고 빠르게 적응할 수 있는가?	( )
2	적당한 리스크를 과감히 받아들여 조직에 득이 되도록 통제할 수 있나?	( )
3	비즈니스에 대한 지식과 통찰력을 가지고 있는가?	( )
4	예리한 감각으로 미래에 대한 비전을 제시할 수 있나?	( )
5	큰일을 위해 모호함과 불확실성을 과감히 포용할 수 있는가?	( )
6	전략과 계획 수립이 뛰어난가?	( )
7	같은 눈높이로 고객의 요구 성향, 의사결정 기준 등을 파악할 수 있나?	( )
8	남녀노소 지위고하를 막론하고 터놓고 대화할 수 있나?	( )
9	사람들에게 영감과 동기부여를 제공할만한 카리스마를 가지고 있나?	( )
10	다방면에 능하고 뭐든지 빨리 배우는 편인가?	( )
	합계 (각 항목 10점 만점, 전체 100점 만점)	( )

---

3 출처: 유성은, 『스토리 창업과 경영사례』(제2판), 피앤씨미디어, 2017, pp.43.

제3절 창업프로세스 (창업시작단계)

　창업의 3요소가 준비되었다면, 창업프로세스를 단계별로 살펴볼 필요가 있다. 창업의 프로세스는 <그림 1-1>과 같이 창업아이템 선정, 창업타당성 분석, 창업사업계획서 작성, 창업기업의 설립의 과정을 거친다. 본 창업프로세스는 창업시작단계에서 실행되는 내용으로써, 본 교재에서는 제2부Part 2에서 관련 내용을 상세히 다룬다.

그림 1-1. 창업프로세스 (창업시작단계)

1. 창업아이템 선정

　창업아이디어를 발굴하고 창업아이템을 선정하는 것이 바로 창업프로세스의 첫 번째 단계이다. 여기서 창업아이디어가 추상적이고 막연한 개념이라면, 창업아이템은 구체적이고 현실적인 개념을 의미한다. 즉 창업아이디어가 구체화되면 창업아이템이 되는 것이다.

이러한 창업아이템 선정시 몇 가지 기본원칙이 있다.[4]

1) 장기적으로 성장가능성 있는 창업아이템을 선정해야 한다.

창업아이템의 경우 유행에 민감하다. 이에 창업아이템 선정시 장기적 성장가능성을 반드시 고려해야 한다. 예를 들어, 한동안 인기가 있었던 동전노래방, 인형뽑기방, 아이스크림할인점 등은 최근 성장세가 급격히 둔화되고 있어, 관련 업종 창업에 유의해야 한다.

2) 창업팀(창업자)의 직무경험이나 전문지식이 있는 창업아이템이 성공에 유리하다.

창업팀^{창업자}이 IT분야에서 근무한 경험이 있다면 관련 경험을 살려 IT관련 창업을 하는 것이 유리하고, 창업팀^{창업자}이 인사조직^{HR} 학위가 있다면 HR관련 창업을 하는 것이 유리할 것이다.

3) 창업팀(창업자)의 적성이나 흥미가 있는 창업아이템이 성공에 유리하다.

창업팀^{창업자}이 가상현실^{VR} 게임에 관심이 있다면 VR관련 창업을 하는 것이 유리할 것이다. 즉 창업팀의 적성이나 흥미와 직결된 창업을 한다면 집중도가 높아져 성공가능성이 더 높아질 수 있을 것이다.

2. 창업타당성 분석

창업아이템이 과연 이익을 창출할 수 있는지를 분석하는 것이 창업타당성^{사업성} 분석이며, 창업타당성 분석은 창업프로세스의 두 번째 단계이다. 창업팀은 창업아이템 선정 후 창업타당성 분석을 반드시 해야 하며, 사업성이 없다고 판단되면 과감히 포기할 줄도 알아야 할

---

4 변상우·허갑수·배호영, 『21세기를 선도하기 위한 경영학의 이해』, 피앤씨미디어, 2017, pp.425.

것이다. 일반적으로 창업타당성 분석은 <표 1-3>의 기준으로 실시된다.

표 1-3. 창업타당성 분석기준[5]

기준	평가 요소
시장성 (수요)	1) 시장규모는 어느 정도인가? 2) 장기적으로 시장이 더 커질 것인가?
수익성 (이익)	3) 생산시 수익률은 얼마나 될 것인가? 4) 원자재 조달은 용이하고 안정적인가?
안정성 (자금)	5) 초기투자는 어느 정도가 필요하며, 사업진행시 자금조달에는 문제가 없는가? 6) 재고의 회전율은 어느 정도인가?
상품성 (경쟁력)	7) 제품 경쟁력이 있는 제품인가? 8) 제품의 수요 변화가 큰 제품인가?

특히 창업타당성 분석시 수요예측이 매우 중요한데, 수요예측시 <그림 1-2>와 같은 다양한 예측기법들이 활용된다. 수요예측기법은 크게 정량적 분석기법과 정성적 분석기법으로 구분할 수 있다. 일반적으로 과거의 데이터가 있으면 정량적 분석기법을 적용하는 것이 유리하며, 과거의 데이터가 없으면 정성적 분석기법을 적용하는 것이 유리하다.

1) 정량적 분석기법

- 회귀분석은 중요한 여러 원인들독립변수이 결과종속변수에 어떠한 영향을 미치는지를 분석하는 인과형 분석기법이다.

---

5 출처: 유성은, 『스토리 창업과 경영사례』, 피앤씨미디어, 2015, pp.58; 변상우·허갑수·배호영, 『21세기를 선도하기 위한 경영학의 이해』, 피앤씨미디어, 2017, pp.426(재인용).

- 시계열 분석은 과거의 데이터를 기준으로 미래를 예측하는 분석기법으로, 이동평균법, 지수평활법 등이 있다.

2) 정성적 분석기법

- 시장조사법은 설문지를 작성하여 인터뷰, 대면응답, 전화응답, 인터넷응답 등을 통해 시장조사를 하는 분석기법이다.

- 델파이법은 관련 분야의 전문가들에게 비공개적으로 관련 내용을 수차례 질의 및 응답받아 분석하는 기법이다.

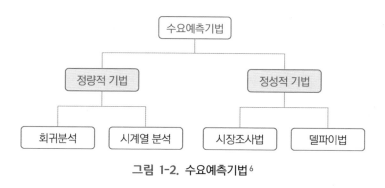

그림 1-2. 수요예측기법[6]

3. 창업사업계획서 작성

창업타당성 분석을 마치면 창업사업계획서를 작성한다. 창업사업계획서는 <표 1-4>와 같이 창업 개요, 창업아이템 개요, 제품개발 및 사업화 계획, 자금 조달 및 집행계획 등이 포함되어야 하며, 상대방으로 하여금 신뢰감을 줄 수 있는 구체적인 실행계획서이어야 한다. 이러한 창업사업계획서 작성은 창업프로세스의 세 번째 단계이다.

---

6 출처: 김태웅, 『서비스운영관리』(제2판), 신영사, 2014, pp.73.

표 1-4. 창업사업계획서 목차[7]

구분	목차
1. 창업 개요	1) 창업동기 및 목표 2) 창업 사전준비 사항 3) 창업팀 조직 및 창업자 업무분장
2. 창업아이템 개요	1) 기능 및 특징 2) 기존 경쟁제품과의 차별성 및 독창성 3) 시장성 및 성장가능성
3. 제품개발 및 사업화 계획	1) 제품개발 계획 2) 사업화 계획 3) 창업 및 성장 계획 4) 추진 일정
4. 자금 조달 및 집행계획	1) 자금 조달계획 2) 자금 집행계획

4. 창업기업의 설립

창업사업계획서 작성후 창업기업의 설립 및 조직을 실행한다. 이 단계는 창업프로세스의 마지막 단계인데, 창업자금조달, 창업기업설립 등을 실제 실행하는 단계이다.

1) 창업자금조달

창업기업의 창업시작단계, 창업운영단계, 창업출구단계에 따라 필요한 창업자금의 성격이나 유형이 달라진다. 즉 창업시작단계에서는 신제품의 연구개발, 시장개척, 사업계획 등과 관련한 자금이 소요되며, 창업운영단계에서는 시설투자, 시장확대, 원가절감, 품질혁신 등과 관련한 자금이 소요되며, 창업출구단계에서는 기업공개, 인수합병, 해외진출 등과 관련한 자금이 소요된다.

---

7 출처: 변상우·허갑수·배호영, 『21세기를 선도하기 위한 경영학의 이해』, 피앤씨미디어, 2017, pp.427.

2) 창업기업설립

창업기업의 설립은 크게 개인기업 설립과 법인기업 설립으로 구분할 수 있다. 창업자는 개인의 성격이나 세금 등을 종합적으로 고려하여 이 중 하나를 선택하면 된다. 일반적으로 과세표준 4천만원을 초과할 때는 법인기업 설립이 세무절세상으로 유리하다. 그리고, 개인기업과 법인기업의 특징을 비교하면 <표 1-5>와 같다. 이러한 특징을 비교하여 창업자는 개인기업 또는 법인기업 중 하나를 선택하면 된다.

표 1-5. 개인기업과 법인기업 비교[8]

구분	개인기업	법인기업
특징	1) 설립등기가 필요없고 사업자 등록만으로 사업개시가 가능	1) 주식회사는 신주발행 및 회사채 발행 등을 통한 자본조달이 용이
	2) 창업비용과 창업자금이 비교적 적게 소요되어 소자본을 가진 창업자도 창업가능	2) 대표이사는 회사운영에 대한 일정 책임을 지며, 주주는 자본금 납입을 한도로 유한 책임을 짐
	3) 일정규모 이상 성장하지 않는 중소규모의 사업에 안정적이고 적합	3) 일정규모 이상으로 성장가능한 유망사업의 경우 적합
	4) 제조방법과 자금운영상의 보안 유지가 가능	4) 대외공신력이 높기 때문에 관공서, 금융기관 등의 거래에서 유리
	5) 소득세법 적용, 세율 6~40% 적용	6) 법인세법 적용, 세율 10~22% 적용

---

8 출처: 이상호, 『창업실무』, 피앤씨미디어, 2017, pp.127-128.

제4절 창업기능 (창업운영단계)

창업프로세스가 성공적으로 진행되었다면, 창업기능을 수평적으로 살펴볼 필요가 있다. 창업기능은 <그림 1-3>과 같이 인적자원관리, 마케팅관리, 재무관리, 생산운영관리 등으로 구성된다. 본 창업기능은 창업운영단계에서 실행되는 내용으로써, 본 교재에서는 제3부Part 3에서 관련 내용을 상세히 다룬다.

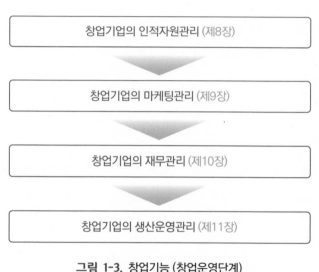

창업기업의 인적자원관리 (제8장)

창업기업의 마케팅관리 (제9장)

창업기업의 재무관리 (제10장)

창업기업의 생산운영관리 (제11장)

그림 1-3. 창업기능 (창업운영단계)

1. 창업기업의 인적자원관리[9]

창업기업의 인적자원관리HRM : Human Resource Management는 창업기업의 설립이후 인적자원종업원의 채용, 교육훈련, 평가보상, 유지관리, 퇴직 등과 관련된 활동을 의미한다. 특히 창업기업의 인적자원은 기존 기업

---

9 변상우·허갑수·배호영, 『21세기를 선도하기 위한 경영학의 이해』, 피앤씨미디어, 2017, pp.287-297.

의 인적자원에 비해 그 역할이 더욱 중요하고, 인적자원의 창의성, 도전성, 추진력 등이 더욱 요구된다. 이러한 창업기업의 인적자원관리 활동을 요약하면 다음과 같다.

- **채용**
  - 경쟁사에 비해 우수인재를 어떻게 더 확보해 올 것인가?
  - 우리 회사 인재상에 적합한 인재를 어떤 도구와 절차로 선발할 것인가?

- **교육훈련**
  - 확보한 우수인재를 어떻게 체계적으로 교육훈련시킬 것인가?
  - 종업원들의 경력관리CDP : Career Development Planning를 어떻게 지원할 것인가?

- **평가보상**
  - 종업원들에 대한 공정한 성과평가를 어떻게 할 것인가?
  - 종업원들의 동기부여를 위해 보상은 어떻게 할 것인가?

- **유지관리**
  - 종업원들의 노동3권단결권, 단체교섭권, 단체행동권을 어떻게 보장해 줄 것인가?
  - 노동조합과의 협력적 노사관계고용관계를 어떻게 창출할 것인가?

- **퇴직**
  - 종업원들의 전직 또는 창업에 도움을 줄 수 있는 전직지원 프로그램을 어떻게 설계할 것인가?

- 종업원들이 퇴직 후에도 안정된 생활을 할 수 있도록 어떻게 도와줄 것인가?

그리고, 창업기업의 인적자원관리의 세부내용을 살펴보면 <그림 1-4>와 같고, 세부 내용은 제8장^{창업기업의 인적자원관리}에서 세부적으로 학습한다.

그림 1-4. 창업기업의 인적자원관리[10]

1) 채용

■ 인적자원전략

창업기업의 인적자원에 대한 전략을 수립하는 활동이다. 인적자원 전략은 기업수준전략^{기업전략}과 반드시 연계되어야 한다.

■ 직무분석

창업기업의 직무를 명확히 분석하여 직무기술서^{Job Description} 및 직무명세서^{Job Specification}를 작성하는 활동이다. 직무기술서는 창업기업의 세부직무에 대한 상세한 설명을 작성한 문서이며, 직무명세서는 세부직무에 필요한 인적 역량을 포함한 문서이다. 직무분석을 마치면 직무기술서와 직무명세서가 작성된다.

---

10 변상우·허갑수·배호영, 『21세기를 선도하기 위한 경영학의 이해』, 피앤씨미디어, 2017, pp.291. 〈그림 10-1〉.

■ 모집/선발/배치

창업기업의 인적자원전략과 직무분석이 마무리되면 채용예정인원
이 확정되며, 이후 모집, 선발, 배치의 과정을 거친다. 이 단계에서는
인재의 적재적소 배치가 핵심이다.

그림 1-5. 면접 사례[11]

2) 교육훈련

■ 교육훈련

창업기업 종업원에 대한 교육훈련HRD : Human Resource Development을 의미
하며, 종업원들에 대한 역량개발이 교육훈련의 목표이다. 교육훈련은
OJTOn the Job Training과 Off-JTOff the Job Training로 구분할 수 있는데, OJT는
부서선배를 통해 도제식으로 직무를 지도받는 것을 의미하고, Off-
JT는 교육인사팀 주관의 집체교육을 의미한다.

---

11 출처: 2010.9.28.일자 한겨레 기사, "내맘 속인 억지답안, 그들은 안다"

■ 경력관리

최근 기업의 종신고용이 실제 이루어지지 않는 경우도 많고 상시 구조조정 분위기가 확대되는 추세이기 때문에 기업들은 종업원들의 경력관리^{CDP : Career Development Planning}를 체계적으로 지원해주어야 한다. 이에 창업기업은 경력관리시스템을 구축하여 운영하여야 한다.

3) 평가보상

■ 역량평가/성과평가

창업기업의 평가는 두 가지로 구분할 수 있는데, 크게 역량평가와 성과평가로 구분할 수 있다. 역량평가는 종업원의 잠재성을 평가하는 것이며, 성과평가는 종업원의 실적을 평가하는 것이다. 창업기업의 신입사원의 경우에는 역량평가를 보다 중요시할 필요가 있으며, 관리자의 경우에는 성과평가를 보다 중요시할 필요가 있을 것이다. 창업기업은 이러한 역량평가와 성과평가를 전략적으로 혼합해서 활용해야 한다.

■ 승진/성과급

보상은 종업원들의 동기부여를 위해 필수적이다. 창업기업의 보상은 크게 두 가지로 구분할 수 있는데, 비재무적 보상과 재무적 보상으로 구분할 수 있다. 대표적인 비재무적 보상에는 승진이 있으며, 재무적 보상에는 성과급이 있다. 창업기업은 경쟁사와 차별화되는 보상프로그램 설계가 필수적이며, 이러한 차별화된 보상프로그램 설계시 창업기업이 소속한 산업이나 해당 기업의 특성과 연계하면 좋다.

4) 유지관리

■ 노동3권

노동3권은 헌법에서 보장해주고 있는 노동자의 기본권이다. 노동3권이란 단결권, 단체교섭권, 단체행동권을 의미한다. 단결권이란 노동자들이 자율적으로 노동조합을 설립 또는 가입할 수 있는 권리이며, 단체교섭권이란 노동자들의 집단인 노동조합이 사용자^{또는 사용자집단}와 대등한 입장에서 교섭^{협상}할 수 있는 권리이며, 단체행동이란 정당한 단체교섭이 결렬이 될 경우 법적 절차를 통해 단체행동을 실행할 수 있는 권리를 의미한다. 창업기업의 경우에도 종업원들의 노동3권을 당연히 보장해주어야 한다.

■ 노동조합

노동조합은 노동자들의 집단으로써 사용자^{또는 사용자집단}와 대등한 입장에서 교섭^{협상}할 수 있는 주체이다. 노동조합과의 협력적 노사관계^{고용관계}는 기업성과에 긍정적인 영향을 주는 것으로 알려져 있다. 다만, 최근 화이트칼라, 신세대, 여성, 서비스업 근로자들의 증가로 인하여 국내 노동조합가입률이 10% 수준에서 머무르고 있으며, 뿐만 아니라 집단적 노동분쟁보다는 개별적 노동분쟁이 보다 중요시 되고 있다.

5) 퇴직

■ 전직/창업지원 프로그램

종업원들의 기업평균 재직기간이 과거에 비해 짧아짐에 따라 창업기업은 퇴직전 전직 또는 창업지원프로그램을 적극 운영해야 할 것이다. 창업기업의 종업원은 퇴직 후 우리 회사의 간접적 홍보대사의 역할을 하기 때문에 퇴직시까지 최선을 다해 지원해 주어야 함은 마땅하다. 예를 들어, 외식창업 과정, 공인중개사 과정, 프랜차이저 과정 등 다양한 전직/창업지원 프로그램 개발이 필요하다.

2. 창업기업의 마케팅관리

일반적으로 창업자들은 기술에는 능통하나 마케팅에는 관련 지식이 없는 경우가 많아, 결국 판매가 되지 않아 창업기업이 도입기[12]에서 바로 쇠퇴하는 경우도 자주 있다. 그만큼 마케팅은 제품이나 서비스의 판매와 직결되는 부분이므로 창업기업의 생존에 있어서 중요성이 매우 크다.

창업기업의 마케팅Marketing이란 개인이나 조직의 목표를 달성시키는 교환을 창출하기 위하여 제품이나 서비스의 개발Product, 가격책정Price, 유통Place, 촉진Promotion 등을 계획하고 실행하는 활동인데[13], 이러한 마케팅개념은 유형의 제품뿐만 아니라 무형의 서비스에도 적용가능하다. 이러한 마케팅의 4가지 요소를 마케팅믹스4P Mix라고 하는데, 세부 내용을 살펴보면 다음과 같다.

1) 제품개발 (Product)

창업기업의 제품이나 서비스를 개발하는 단계에서부터 소비자들이 감동할만한 좋은 제품을 기획하여야 한다. 좋은 제품과 영업담당자의 노력이 결합되면 좋은 매출실적으로 이어질 것이 분명하다. 특히 최근 4차 산업혁명 시대에는 인공지능, 빅데이터, 사물인터넷, 로봇, 3D 프린터 등의 ICT 기술과 결합된 제품이나 서비스가 성공가능성이 높을 것이다.

---

12 제품수명주기(Product Life Cycle)에는 도입기, 성장기, 성숙기, 쇠퇴기가 있다.
13 1985년 미국마케팅학회(AMA) 정의; 변상우·허갑수·배호영, 『21세기를 선도하기 위한 경영학의 이해』, 피앤씨미디어, 2017, pp.298(재인용).

2) 가격책정 (Price)

창업기업의 가격책정은 경쟁사의 가격, 소비자의 기대치, 제품의 원가 등을 종합적으로 고려하여 결정하여야 한다. 또한 창업기업의 경쟁전략, 즉 원가우위 전략 또는 차별화 전략에 따라 가격을 전략적으로 결정하여야 한다. 특히 가격은 한번 결정되면 변경하기가 매우 어렵기 때문에 창업자는 가격을 신중히 책정해야 한다.

3) 유통 (Place)

창업기업의 유통은 도매업자, 소매업자, 유통업자와의 관계를 설정하는 것인데, 어떤 유통경로로 설계하느냐가 매우 중요하다. 특히 유통경로는 제품의 이미지 및 가격과 직결되므로 전략적으로 설계하여야 한다. 또한 최근 ICT의 발달로 인하여 오프라인 유통 뿐만 아니라 온라인^{모바일} 유통도 반드시 고려하여야 한다.

예를 들어, 모바일을 이용한 주문 및 배송은 이미 대중화되어 있을 뿐만 아니라, 국내외 유통업체에서는 드론을 이용한 상품 배달을 준비 중에 있다. 멀지 않은 미래에는 드론이 유통을 담당하는 시대가 올 것으로 기대된다.

4) 촉진 (Promotion)

창업기업의 촉진은 인적판매, 광고, 홍보, 이벤트 등을 설계하고 실행하는 것인데, 촉진 역시 오프라인 촉진과 온라인 촉진을 동시에 고려하여야 한다. 인적판매는 영업담당자가 판매를 촉진하는 활동을 하는 것이고, 광고는 TV, 라디오, 신문, 인터넷 등을 통하여 직접적으로 판매를 촉진하는 활동을 하는 것이고, 홍보는 신문기사나 지속경영보고서 등을 통해 간접적으로 판매를 촉진하는 활동을 하는 것이고, 이벤트는 문화 이벤트공연, 연극 등, 스포츠 이벤트골프, 요트 등 등 일회성의 특별한 행사를 통하여 판매를 촉진하는 활동을 의미한다.

그림 1-6. 인적판매 사례[14]

3. 창업기업의 재무관리

창업기업의 재무관리Financial Management란 창업기업에 자금을 조달하고 예산을 통제하는 재무적 기능으로써, 투자결정, 자금조달결정, 유동성 관리 등을 의미한다. 특히 창업기업의 경우 창업시작단계에서 자금조달이 매우 중요한데, 특히 창업시작단계에서는 신제품의 연구개발, 신규시장 개척, 사업계획 등과 관련한 자금이 소요된다. 뿐만 아니라 창업운영단계와 창업출구단계에서도 전략적으로 자금을 조달 및 운영을 해야 한다.

이와 관련하여 건전한 경영을 하고 있는 창업기업이 자금관리를 잘하지 못해 긴급하게 자금조달이 되지 못해 부도가 나는 경우가 가끔 발생하는데, 이를 흑자도산Insolvency by Paper Profits이라고 한다. 이러한 기

---

14 출처: 2015.8.15.일자 충북일보 기사, "옥천군·농협옥천지부 복숭아 판촉행사"

업들은 대부분 사채시장이나 제2금융권에서 급전을 받아 단기채무를 상환하는데 사채시장이나 제2금융권마저 얼어붙은 상황에서는 현금을 구하지 못해 창업기업이 흑자도산하는 경우가 있다.[15] 이와 같이, 창업기업의 재무관리는 매우 중요한데 재무관리의 기능에 대하여 살펴보면 다음과 같다.[16]

1) 투자결정 (Investment Decision)

투자결정은 기업이 어떤 자산에 얼마만큼 투자할 것인가에 대한 의사결정으로써, 투자결정은 기업의 수익과 위험에 큰 영향을 미치게 되므로 매우 중요하다. 특히 잘못된 투자는 기업을 도산시킬 수도 있어 투자결정은 매우 중요하다.

2) 자금조달결정 (Financing Decision)

자금조달결정은 기업이 자금을 어떻게 조달할 것인가에 대한 의사결정으로써, 타인자본[부채]과 자기자본[자본]을 어떤 비율로 구성할 것인가를 결정한다.

3) 유동성관리 (Liquidity Management)

유동성관리는 일상적인 영업활동에 필요한 현금의 유입과 유출을 관리하는 것을 의미한다. 즉 영업활동에서 발생하는 현금의 유입과 유출은 시간적인 측면에서 일치하지 않기 때문에, 창업기업은 이러한 현금흐름의 차이를 조정해야 한다.

---

15 네이버 지식백과 '흑자도산(Insolvency by Paper Profits)' 참조
16 이상호, 『재무관리』, 피앤씨미디어, 2014, 〈그림〉, pp.6-7.

또한 창업기업은 재무제표^{Financial Statements}를 통해 재무관리를 하게 되는데, 재무제표에는 재무상태표, 손익계산서, 자본변동표, 현금흐름표, 주석으로 구성되어 있으며, 재무제표 간의 관계는 <그림 1-7>과 같다.

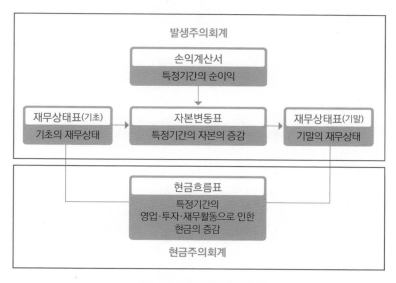

그림 1-7. 재무제표간 관계[17]

4. 창업기업의 생산운영관리

창업기업의 생산운영관리^{Production & Operation Management}는 원자재를 투입^{Input}시켜 제품이나 서비스로 산출^{Output}시키는 경영활동 또는 변환과정^{Process}을 의미하며, 이러한 투입, 산출, 과정은 프로세스 모형^{Process Model}의 핵심요소이다. 즉 생산운영관리를 프로세스 모형으로 설명하면 <그림 1-8>과 같다.

---

17 강봉준·배호영, 『회계원리』, 신영사, 2018, pp.289.

그림 1-8. 생산운영관리 프로세스 모형[18]

또한 창업기업의 생산운영관리의 목표는 크게 네 가지인데, 세부내용은 다음과 같다.

1) 원가 절감

현재와 같은 글로벌 무한경쟁 시대에서는 창업기업이 생존하기 위해서 원가 절감이 필수적이다. 원가Cost는 제품서비스을 생산운영하는 데 들어가는 총 비용이다. 원가는 낮출수록 제품서비스 경쟁력이 높아지게 되지만, 원가를 낮춘다는 것이 품질을 낮춘다는 말은 절대 아니다. 오히려 창업기업은 적정 수준의 품질을 유지하면서 원가를 절감할 수 있도록 노력해야 한다.

2) 품질 개선

품질Quality에 대한 강조는 계속해서 강조해도 부족하다. 창업기업은 품질에 대한 투자품질비용를 비용이라고 보지 말고 자산으로 보고 품질

---

18 허정수·노춘섭·장준호·김영환, 『경영스케치』, 도서출판 청람, 2014, 〈그림 10-1〉, pp.230.

개선 노력을 지속해야 한다. 예를 들어, 1천원 제품이 대부분인 다이소가 인기가 있는 것은 가격은 싸지만 품질은 가격대비 좋기 때문이다. 이러한 품질경영시스템을 TQM^{Total Quality management}이라고 한다.

3) 납기 단축

납기^{리드타임(Lead Time)}란 고객이 주문한 시점에서 제품^{서비스}을 제공받기까지 걸리는 시간으로써, 고객은 기다리는 것을 싫어하므로 납기단축은 매우 중요하다. 창업기업은 내부혁신, 프로세스개선, 효율적 생산운영 등을 통해 납기단축에 노력을 기울여야 한다.

4) 유연성 제고

최근 고객들의 욕구가 다양해짐에 따라, 많은 기업들의 생산운영시스템도 소품종 대량시스템에서 다품종 소량시스템으로 급격히 변화하고 있다. 이에 창업기업의 생산운영시스템도 고객의 다양한 욕구를 만족시키기 위하여 생산운영시스템의 유연성^{Flexibility}을 추구해야 한다. 예를 들어, 그랜저 생산라인에서 수요계획에 따라 제네시스를 일시적으로 생산하는 것이 그 예가 될 수 있다. 이러한 유연생산시스템을 FMS^{Flexible Manufacturing System}이라고 한다.

CHAPTER 2

창업환경분석

CHAPTER 2
창업환경분석

제1절 4차 산업혁명의 신기술

　창업준비를 할 때 가장 먼저 해야 하는 것이 창업환경분석이다. 창업환경분석이란 창업기업의 창업외부환경과 창업내부환경을 면밀히 분석하는 것을 의미한다. 즉 창업기업은 조직외부의 급변하는 환경을 지속적으로 주시하고 있어야 하며, 조직내부의 핵심역량Core-Competence과 경영자원Business Resources을 명확히 분석하고 있어야 한다.

　여기서 핵심역량이라는 것은 경쟁사에 비해 창업기업이 가지고 있는 경쟁우위Competitive Advantage를 의미하여, 경영자원이라는 것은 기업의 인적자원, 물적 자원, 기술적 자원 등을 의미한다.

　이러한 창업환경의 특성에는 상호관련성, 복잡성, 불안정성, 불확실성이 있는데, 최근의 창업환경은 상호관련성, 복잡성, 불안정성, 불확실성 모두 높아지는 추세에 있다. 즉 창업자 입장에서는 창업기업의 경영이 더욱 어려워질 수 있는 환경이지만, 창업자가 이러한 창업환경을 기회로 전환시킨다면 창업성공 가능성이 더욱 커질 수 있을 것이다. 이와 관련한 세부내용은 다음과 같다.[1]

1　변상우·허갑수·배호영, 『21세기를 선도하기 위한 경영학의 이해』, 피앤씨미디어, 2017, pp.70-72.

■ 상호관련성

상호관련성이란 창업환경의 각 요인이 다른 요인들에게 영향을 미치는 정도를 의미하는데, 상호관련성이 높다는 것은 창업환경 요인들이 서로 밀접한 관련성을 가지고 있다는 것을 말하며, 상호관련성이 낮다는 것은 창업환경 요인들이 관련성을 거의 가지고 있지 않다는 것을 말한다.

■ 복잡성

복잡성이란 창업기업이 대응해야 하는 외적요인의 수와 각각의 요인 안에 존재하는 다양성의 정도를 의미한다. 즉 창업환경의 복잡성이 높다는 것은 창업기업 경영시 고려해야 할 요소가 많다는 것을 말한다.

■ 불안정성

불안정성이란 창업환경의 변화율을 의미한다. 즉 창업환경이 불안정하다는 것은 창업환경이 동태적으로 변화한다는 것을 말하고, 창업환경이 안정하다는 것은 창업환경이 정태적으로 변화한다는 것을 말한다.

■ 불확실성

불확실성이란 창업기업에 정보데이터 집합가 없을 때 발생하며, 불확실성이 높을수록 의사결정은 어려워진다.

이와 더불어, 최근 ICT Information & Communication 기술의 급격한 발전으로 인하여 4차 산업혁명 Fourth Industrial Revolution 시대에 도입하였다. 4차 산업혁명은 제조업, 유통업, 서비스업 등 산업전반이 ICT와 융합하는 새로운 형태의 산업혁명을 의미하며 독일, 영국, 미국, 일본, 중국 등 선진국을 중심으로 4차 산업혁명 시대의 주도권을 잡기 위해 정부차원의 막대한 투자를 아끼지 않고 있다.

이러한 4차 산업혁명의 신기술에는 인공지능, 빅데이터, 사물인터넷, 로봇, 3D 프린터 등이 있는데, 창업기업 역시 이러한 4차 산업혁명의 신기술을 적극 활용하고 이해하여야 기업이 생존 또는 발전할 수 있을 것이다. 이와 관련한 세부내용은 다음과 같다.

1. 인공지능 (AI : Artificial Intelligence)[2]

인공지능이란 컴퓨터가 사고, 학습, 자기계발 등 인간 특유의 지능적인 행동을 모방할 수 있도록 하는 ICT 기술로써, 다양한 분야와 연결되어 인간의 업무를 대체하고 높은 효율성을 가져올 것으로 예상된다.

인공지능의 대표적인 사례가 IBM의 왓슨이다. 현재 IBM 왓슨은 보건 분야에서 높은 수준의 진단 및 처방을 내어놓고 있으며, 특정 작업에서는 인간을 뛰어넘었다는 평가도 받고 있다. 우리나라의 경우에도 최근 가천대학교 길병원, 부산대학교병원, 건양대학교병원 등이 IBM 왓슨을 도입하여 진료에 실제 활용하기 시작하였다.

또한 지식경영분야와 관련해서도 이러한 인공지능은 지식경영 전략수립, 시나리오계획, 컨설팅, 스마트 팩토리 등에 있어서 다방면에 활용가능할 것으로 기대된다.

---

2 배호영, "4차 산업혁명 시대의 경영학 교육 혁신과 전문자격사 제도 선진화 방안", 『상업교육연구』, 제31권 제6호, 2017, pp.2-3.

그림 2-1. IBM의 왓슨

2. 빅데이터 (Big Data)[3]

빅데이터란 디지털 환경에서 생성되는 다양한 형태의 방대한 데이터를 바탕으로 인간의 행동패턴 등을 분석하고 예측하는 ICT 기술로써, 특히 지식경영분야에 대한 활용가능성이 매우 높을 것으로 예상된다.

예를 들어, 빅데이터를 법률부문에 활용한다면 수많은 판례를 분석하여 소송결과를 예측하거나 지능적으로 검색하는데 활용가능할 것으로 기대된다. 또한 빅데이터를 연계한 온라인 평판시스템은 고객들의 변호사 선정에 큰 도움을 줄 수 있을 것이다.

그림 2-2. Big Data

---

3 배호영, "4차 산업혁명 시대의 경영학 교육 혁신과 전문자격사 제도 선진화 방안", 『상업교육연구』, 제31권 제6호, 2017, pp.3.

이러한 빅데이터는 데이터마이닝Data Mining 기술에서 시작되었고, 빅데이터는 데이터 프로세싱, 데이터 분석, 데이터 분석결과 생성, 데이터 시각화 등의 요소로 구성되어 있다.

3. 사물인터넷 (IoT : Internet of Things)

사물인터넷이란 사물에 센터를 부착하여 네트워크를 통해 실시간으로 사물과 사람이 데이터를 주고 받는 것을 말한다. 사물인터넷은 헬스케어, 홈케어, 자동차, 교통, 에너지, 안전 등 산업 전분야에 적용 가능하며, 특히 헬스케어 및 홈케어 부문에서 가장 활발하게 사물인터넷이 적용되고 있다.

그림 2-3. 사물인터넷 냉장고 (출처: 삼성전자)

4. 로봇(Robot)

기존 로봇에 생물학적 구조를 적용하여 더욱 뛰어난 적응성과 유연성을 갖추고, 정밀 농업에서 간호까지 다양한 분야의 광범위한 업무를 처리할 만큼 활용도가 향상되었다. 로봇은 제조업, 의료업, 농업업, 서비스업 등 산업 전분야에 활용가능하다. 다만, 로봇은 인공지능 기술과 결합되어, 인간의 일자리를 급격히 대체할 것으로 예상된다.

그림 2-4. 자동차 공장에서의 로봇

5. 3D 프린터(3D Printer)

3D 프린터는 디지털 데이터를 가공하여 3차원 설계 및 구성을 통해 적층형 출력방식으로 입체적인 물질을 프린팅하는 기술을 의미한다. 건설, 자동차, 시제품, 의료 등 산업 전분야에 활용 가능하다. 현재 중국에서는 현재 3D 프린터로 아파트와 주택을 짓고 있다.

그림 2-5. 3D 프린터 사례 (아파트, 집, 자동차, 신발)

제2절 창업외부 환경분석

창업기업의 외부환경분석에는 여러 가지 분석도구를 활용할 수 있 겠지만, 대표적인 외부환경 분석도구가 바로 마이클포터 교수의 산업 구조분석 모형5 Forces Model이다. 산업구조분석 모형은 1970년대에 제안 된 모형인데, 산업의 정태적인 매력도를 분석하는데 일반적으로 활용 된다.

세부적으로 살펴보면, 산업구조분석 모형에서는 5가지 힘Forces의 원 천을 통해 산업을 분석하는데, 5가지 힘을 살펴보면 <그림 2-6> 과 같다. 다만, 이러한 산업구조분석 모형은 산업의 동태적 변화를 표현하지 못하는 한계를 가진다.

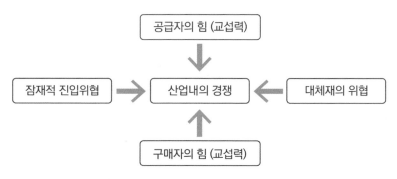

그림 2-6. 마이클 포터의 산업구조분석 모형[4]

1. 산업내의 경쟁 (기존기업 간의 경쟁)

산업내의 경쟁 또는 기존기업 간의 경쟁이 치열한 시장을 레드오션 Red Ocean이라고 하며 산업의 매력도는 떨어진다. 반면, 산업내의 경쟁 또는 기존기업 간의 경쟁이 거의 없는 시장을 블루오션Blue Ocean이라고 하며 산업의 매력도는 높다. 창업기업의 경우 레드오션 산업보다 블루오션 산업에 진출하는 것이 유리하며, 4차 산업혁명의 신기술을 적극 활용하여 틈새시장을 창출할 필요가 있다.

2. 잠재적 진입위협

잠재적 진입위협이라는 것은 진입장벽을 의미하는데, 잠재적 진입위협이 높다는 것은 진입장벽이 낮다는 것을 말하고 잠재적 진입위협이 낮다는 것은 진입장벽이 높다는 것을 말한다. 창업기업의 경우 특화된 기술을 바탕으로 잠재적 진입위협을 낮출 필요가 있다.

---

4 출처: 장세진, 『경영전략』(제8판), 박영사, 2015, 〈그림 3-4〉, pp.79.

3. 대체재의 위협

대체재는 경쟁재라고도 하는데, 대표적인 대체재에는 버스와 택시, 돼지고기와 소고기, 코카콜라와 펩시콜라 등이 있다.[5] 대체재의 위협이 높을수록 산업의 매력도는 떨어지고, 반대로 대체재의 위협이 낮을수록 산업의 매력도는 높다고 할 수 있다. 창업기업의 경우 제품이나 서비스의 차별화를 통하여 대체재의 위협을 낮출 필요가 있다.

4. 공급자의 힘 (교섭력)

공급자의 힘은 원재료 업체의 교섭력 또는 협상력이 우리 창업기업에 비해 강한지 또는 약한지 여부를 말한다. 공급자의 힘이 강할수록 산업의 매력도는 떨어지고, 반대로 공급자의 힘이 약할수록 산업의 매력도는 높다고 할 수 있다. 창업기업의 경우 공급업체의 다변화, 원재료의 대량구매 등을 통해 공급자의 힘을 약하게 할 필요가 있다.

5. 구매자의 힘 (교섭력)

구매자의 힘은 고객의 교섭력 또는 협상력이 우리 창업기업에 비해 강한지 또는 약한지 여부를 말한다. 고객의 힘이 강할수록 산업의 매력도는 떨어지고, 반대로 고객의 힘이 약할수록 산업의 매력도는 높다고 할 수 있다. 창업기업의 경우 디자인의 차별화, 기능의 차별화, 서비스의 차별화 등을 통해 고객의 힘을 약하게 할 필요가 있다.

종합해보면, 창업기업의 경우 4차 산업혁명의 신기술을 적극 활용하여 틈새시장^{블루오션}을 창출할 필요가 있으며, 특화된 기술을 바탕으로

---

5 소주와 맥주의 관계는 대체재(경쟁재)일까 아니면 보완재일까? 과거에는 소주와 맥주가 대체재였지만, 최근에는 소맥(소주+맥주)이 유행함에 따라 보완재로 보는 경우가 많아졌다.

잠재적 진입위협을 낮출 필요가 있으며, 제품이나 서비스의 차별화를 통하여 대체재의 위협을 낮출 필요가 있으며, 공급업체의 다변화, 원재료의 대량구매 등을 통해 공급자의 힘을 약하게 할 필요가 있으며, 디자인의 차별화, 기능의 차별화, 서비스의 차별화 등을 통해 고객의 힘을 약하게 할 필요가 있다.

이 책을 읽고 있는 창업자 또는 예비창업자들은 창업기업의 소속 산업에 대하여 산업구조분석을 실제로 해보며 소속 산업이 매력적인지 그렇지 않은지를 직접 분석해보기를 기대한다. 또한 소속 산업의 매력도가 낮을 경우 창업기업이 어떻게 산업의 매력도를 높일 수 있을지를 5가지 힘의 원천을 기준으로 개선안을 찾아보기를 기대한다.

제3절 창업내부 환경분석

창업기업의 내부환경분석은 여러 가지 분석도구를 활용할 수 있겠지만, 대표적인 내부환경분석도구가 바로 마이클포터 교수의 가치사슬분석 모형Value Chain Model이다. 가치사슬분석 모형은 1990년대에 제안된 모형인데, 기업이 가지고 있는 핵심역량과 경영자원을 분석하는데 일반적으로 사용된다.

세부적으로 살펴보면, 가치사슬분석 모형에서는 각각의 가치Value가 모여 기업의 이익Margin(Profit)을 창출하는 것을 분석하는데, 각각의 가치를 살펴보면 <그림 2-7>과 같다. 이러한 가치사슬분석 모형을 통해 창업기업에서 어떤 기능가치에 있어 경쟁사에 비해 더 경쟁우위를 가지는지 또는 미흡한지를 분석할 수 있다. 즉 가치사슬분석 모형의 핵심은 창업기업의 핵심역량 분석이라고 할 수 있다.

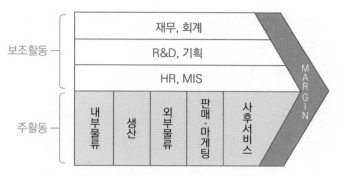

그림 2-7. 마이클 포터의 가치사슬분석 모형[6]

1. 주활동

가치사슬분석에서 주활동Main Activity은 내부물류, 생산, 외부물류, 판매·마케팅, 사후서비스 등의 5가지 가치사슬을 의미한다. 내부물류는 원자재 입고와 관련된 가치를 말하며, 생산은 제품이나 서비스의 제조와 관련된 가치를 말하며, 외부물류는 제품의 물류·유통과 관련된 가치를 말하며, 판매·마케팅은 제품이나 서비스의 판매와 관련된 가치를 말하며, 사후서비스A/S는 제품이나 서비스의 사후관리와 관련된 가치를 말한다.

종합해보면, 이러한 5가지 주활동의 가치가 연결된 가치사슬을 통해 이익을 창출한다는 것이다. 창업기업의 경우 내부물류, 생산, 외부물류, 판매·마케팅, 사후서비스 등 5가지 주활동에서 어떤 기능가치이 핵심역량을 가지는지 면밀히 분석해 볼 필요가 있다.

2. 보조활동

가치사슬분석에서 보조활동Supported Activity은 인적자원관리, R&D, 기

---

6 출처: 장세진, 『경영전략』(제8판), 박영사, 2015, 〈그림 4-6〉, pp.126.

획, 재무, 회계 등의 가치사슬을 의미한다. 특히 보조활동은 창업기업의 특성에 따라 가치가 달라질 수 있어, 해당 창업기업의 적합한 기능^{가치}을 고려하면 된다.

종합해보면, 창업기업의 경우 내부물류, 생산, 외부물류, 판매·마케팅, 사후서비스 등 5가지 주활동에서 어떤 기능^{가치}이 핵심역량을 가지는지를 분석해 볼 필요가 있을 뿐만 아니라, 인적자원관리, R&D, 기획, 재무, 회계 등의 보조기능에서 어떤 기능^{가치}이 핵심역량을 가지는지를 분석해 볼 필요가 있다.

이에 이 책을 읽고 있는 창업자 또는 예비창업자들은 창업기업의 소속 산업에 대하여 가치사슬분석을 실제로 해보며 본인의 창업기업의 핵심역량이 무엇인지를 분석해보기를 기대한다. 또한 미흡한 부문은 어떻게 개선할 수 있을지도 충분히 고민해보길 바란다.

제4절 창업기업의 사회적 책임

지금까지 최근 창업환경의 트렌드인 4차 산업혁명^{제1절}을 살펴보았고, 창업기업의 외부환경 분석기법^{제2절}과 내부환경 분석기법^{제3절}을 살펴보았다. 본 장의 마지막으로 창업기업이 반드시 알아야 할 창업기업의 사회적 책임에 대하여 본 절에서 살펴보겠다.

창업기업의 사회적 책임^{CSR : Corporate Social Responsibility}이란 창업기업의 경영활동이 단순한 이윤추구를 초월해서 기업 내외부의 이해관계자 집단을 포함한 지역사회에 공헌하도록 경영관리를 수행해야 하는 책임을 의미한다. 즉 창업기업은 주주, 종업원, 공급자, 고객, 정부, 노동조합 등 기업 내외부의 이해관계자들의 공동 이익을 추구할 수 있는 사회적 책임을 다해야 한다는 것이다.[7] 창업기업의 사회적 책임의 대표적인 예가 준법경영, 윤리경영, 환경경영, 지역사회 기여 등이 있다.

이러한 창업기업의 사회적 책임에 관하여 긍정론과 부정론이 있다. 이 책을 읽는 창업자 또는 예비창업자들은 창업기업이 사회적 책임을 반드시 수행할 필요가 있다고 생각하는가? 또한 창업기업의 사회적 책임경영이 기업 이익 또는 생존에 도움을 줄 수 있을 것이라고 생각하는가?

1. 긍정론 (찬성론)

긍정론찬성론은 창업기업도 소속 사회의 한 구성원으로써 사회적 책임을 다하여야 하며, 이러한 사회적 책임경영CSR이 창업기업의 기업명성Corporate Reputation을 높여 장기적으로는 창업기업의 이익Profit에도 기여할 수 있다는 논리이다.

2. 부정론 (반대론)

부정론반대론은 창업기업의 1차 목표는 이익창출이므로 사회적 책임활동은 이익창출에 방해가 되는 장애물이라고 보는 입장이다. 또한 기업은 이익창출에는 전문가이지만 사회적 책임활동에는 비전문가이므로, 사회적 책임활동은 비영리기관, 시민단체, 환경단체 등과 같은 관련 전문가에게 맡기는 것이 전문성의 원리에도 부합된다는 논리이다.

---

7 변상우·허갑수·배호영, 『21세기를 선도하기 위한 경영학의 이해』, 피앤씨미디어, 2017, pp.104.

종합해보면, 창업기업의 사회적 책임에 관하여 긍정론^{찬성론}과 부정론^{반대론} 모두 의미가 있지만, 현재는 과거와는 달리 소비자의 의식 수준이 매우 향상되었고 친환경, 윤리경영 등에 대한 관심이 매우 커졌다. 이에 전세계적으로 긍정론이 강조되는 추세에 있으며, 여러 연구결과에서도 창업기업의 사회적 책임활동이 기업명성을 통해 장기적으로 기업이익에 긍정적인 기여를 하는 것으로 나타나고 있다. 결국 창업자와 예비창업자들도 준법경영, 윤리경영, 환경경영, 지역사회 기여 등과 같은 기업의 사회적 책임경영에 관심을 기울이고 실행에 노력해야할 것이다.

◐◯ 사례

"사회적 책임 준수 기업이 주가 수익률 더 높다"

(2017.11.07. 연합뉴스 기사, 권수현 기자)

사회적 책임을 다하는 상장사들의 주가수익률이 코스피보다 높다는 조사 결과가 나왔다.

7일 사회적 책임투자 컨설팅 업체인 서스틴베스트가 주요 상장사 중 환경·사회·지배구조(ESG) 점수가 양호한 '투자가능종목군'의 2010년 10월 1일부터 올해 10월 20일까지 주가 수익률을 집계한 결과, 평균 30.79% 오른 것으로 나타났다. 이는 같은 기간 코스피 수익률(27.57%)이나 코스피200의 수익률(29.93%)보다도 높은 수준이다.

서스틴베스트는 매년 상장사의 환경경영(E), 사회책임경영(S), 지배구조(G) 현황을 최우수 등급인 AA부터 우수(A), 양호(BB), 보통(B), 미흡(C), 부진(D), 저조(E)까지 7개 등급으로 평가하고 있다. ESG 성과가 좋은 기업은 경영 효율성 지표인 자기자본이익률(ROE·자기자본으로 낸 이익)도 상대적으로 우수한 것으로 나타났다.

서스틴베스트가 최근 3년간 520여개 상장사의 ESG 점수와 ROE 간 상관관계를 분석한 결과, ESG 총점 상위 25%에 드는 기업의 ROE는 나머지 75% 기업의 ROE보다 뚜렷하게 높았다. 서스틴베스트는 "이런 결과는 ESG 요소가 투자수익률에 어떤 기여를 하는지 불분명하다는 일각의 지적과 달리 기업의 재무성과와 투자수익률에 프리미엄으로 작용한다는 것을 보여준다"고 말했다.

서스틴베스트는 올해 하반기 ESG 평가 결과도 함께 발표했다. 이번 평가에서는 국내 주요 상장사 882개사 중 자산규모별로 총 15개의 우수기업(AA 또는 A 등급)이 선정됐다. 자산 2조원 이상 기업 중에서는 KB금융[105560]·포스코(POSCO[005490])·신한지주[055550]·지역난방공사[071320]·두산중공업[034020] 등 5개사가 우수기업으로 뽑혔다. 자산 5천억원 이상 2조원 미만 기업 중에서는 코웨이[021240]·롯데정밀화학[004000]·한전KPS·이수화학[005950]·KSS해운[044450]이 선정됐다. 또 5천억원 미만에서는 연우[115960]·더존비즈온[012510]·KC그린홀딩스·한전산업[130660]·안램[053800]이 우수기업으로 선정됐다.

이 가운데 최근 3년간 꾸준히 ESG 성과가 우수한 것으로 평가되어 왔던 포스코와 KSS해운은 '국내 지속가능 경영 최우수 기업'으로 꼽혔다. 포스코는 이사회에서 사외이사의 역할이 두드러진 점과 사내하도급·외주업체 근로자에도 체계적인 안전보건 프로그램을 운영하는 점, 친환경제품 개발 노력 등이 높은 평가를 받았다. 또 KSS해운은 대기업집단의 계열사가 아닌 중소기업으로는 드물게 지속가능경영 보고서를 발간하고 있으며 지배구조 면에서 포스코나 신한지주 등 최우수 대기업보다 우수한 성과를 보였다고 서스틴베스트는 설명했다.

CHAPTER 3

창업기업가정신과
창업전략

CHAPTER 3
창업기업가정신과 창업전략

제1절 창업기업가정신의 개념

최근 세계 선진국들은 '창업과 기업가정신'을 강조하고 있다. 미국은 '창업국가 미국'을 국가비전으로 제시하였으며, EU유럽연합는 '벤처창업 및 기업가정신 활성화' 등 10대 강령을 추진하고 있으며, 이스라엘은 '일자리를 찾는 대신 직접 만들도록 돕는다'는 기조로 창업을 독려하고 있다.[1]

그럼 '창업기업가정신'이란 무엇인가? 제1장에서 살펴본 바와 같이 창업의 3요소는 창업팀, 창업자본, 창업아이템인데, 그 중 인적 요소인 '창업팀창업자이 가지고 있는 기업가정신'을 창업기업가정신Entrepreneurship 이라고 할 수 있다. 이러한 창업기업가정신은 슘피터Schumpeter가 제시한 '창조적파괴Creative Destruction 활동을 하는 자'에서 출발했다.

본 서에서는 제품혁신Product Innovation, 프로세스혁신Process Innovation, 경영혁신Managerial Innovation 등의 '혁신Innovation을 추진하는 창업팀창업자의 기업가적 역량'으로 창업기업가정신을 정의하고자 한다. 세부적인 혁신관련 내용은 제12장 제1절에서 상세히 다룰 예정이다. 여러 학자들이 주장한 창업기업가정신의 개념에 관해 정리해 보면 <표 3-1>과 같다.

---

1 김종호·윤재홍·최유준, 『기술창업경영론』, 이프레스, 2016, pp.45.

표 3-1. 창업기업가정신의 개념[2]

구분	창업기업가정신의 개념
슘피터 (Schumpeter)	창조적파괴 활동을 하는 자
드러커 (Drucker)	사업기회의 극대화를 추구하는 기업가적 행동
유럽연합 (EU)	새로운 조직이나 기존 조직에서 위험수용성, 창의성, 혁신성을 기업 경영에 접목함으로써 경제활동을 창출하고 발전시키는 정신자세
본서	혁신(제품혁신, 프로세스혁신, 경영혁신)을 추진하는 창업팀(창업자)의 기업가적 역량

제2절 창업기업가정신의 구성요소

학자에 따라 창업기업가정신을 구성하고 있는 요소들에 대하여 주장이 다소 다르지만, 일반적으로 공통적인 창업기업가정신 구성요소에는 위험수용성, 창의성, 혁신성이 있다. 이와함께 4차 산업혁명 시대에서는 융합성이 새롭게 중요시되고 있다. 이에 창업기업가정신의 4가지 구성요소를 설명하면 다음과 같다.

1. 위험수용성 (Risk-Taking)

창업팀(창업자)은 창업기업가과정에서 많은 위험에 도래한다. 기존 기업에 비해 창업기업은 더 많은 위험에 노출되며, 이러한 위험을 슬기롭게 극복하면 더 많은 이익을 창출할 수 있다. 이에 창업팀(창업자)은 이

---

2 김종호·윤재홍·최유준, 『기술창업경영론』, 이프레스, 2016, pp.48(재인용).

러한 위험을 충분히 즐길 수 있는 위험수용성이라는 창업기업가정신을 가져야 한다. 또한 이러한 위험수용성은 시행착오나 실패에 대한 끊임없는 도전정신을 포함한다.

2. 창의성 (Creativity)

창업팀^{창업자}은 새로운 사고와 접근방법으로써 창의적인 제품이나 서비스를 개발해야 한다. 이러한 창업팀^{창업자}의 기업가정신을 창의성이라고 하며, 창의성 함양을 위해서는 주입식·암기식 교육이 아닌 자기주도식·역발상식 교육이 필수적이다. 향후 미래에서는 단순반복 업무는 기계가 수행하고 창의적 업무는 사람이 수행할 것으로 충분히 예상되기 때문이다.

3. 혁신성 (Innovativeness)

혁신의 중요성은 반복해서 강조해도 부족함이 없을 것이다. 혁신은 기존의 방식에 대해 지속적으로 문제점을 발굴하고 개선안을 실행하는 것을 의미한다. 이러한 기존방식에는 제품이나 서비스, 프로세스, 경영방식 등이 모두 포함되며, 이에 대한 혁신을 각각 제품혁신, 프로세스혁신, 경영혁신이라고 한다. 즉 창업팀^{창업자}은 기존의 제품이나 서비스, 프로세스, 경영방식 등을 지속적으로 변화시키고 개선하려는 노력을 기울여야 할 것이다.

4. 융합성 (Convergence)

4차 산업혁명 시대를 맞이하여 창업팀^{창업자}은 기술과 경영의 융합적 지식이 필수적이다. 또한 4차 산업혁명의 ICT기술과 연계한 산업간 융합이 중요시되고 있다. 예를 들어, 사물인터넷 냉장고는 정보통신과 가전의 융합기술이라고 할 수 있으며, 인공지능 왓슨[Watson]은 컴퓨터와 의료의 융합기술이라고 할 수 있으며, 스마트 팩토리[Smart Factory]는 ICT, 제조, 경영의 융합기술이라고 할 수 있다. 따라서 최근 창업기업가정신의 구성요소로써 융합성도 반드시 포함되어야 할 것이다.

표 3-2. 창업기업가정신의 구성요소

위험수용성 (Risk-Taking)	창의성 (Creativity)
혁신성 (Innovativeness)	융합성 (Convergence)

◯◯ 사례

창업기업가정신의 사례 : 이스라엘[3]

전세계 500여 개 글로벌 기업이 이스라엘에 R&D센터를 지어놓았으며, 지금도 계속 이스라엘에 투자가 계속되고 있다. 현재 이스라엘은 세계적인 창업국가이며, 전세계에서 GDP 대비 벤처캐피탈 자금이 가장 많이 투자되는 나라이다. 이러한 이유가 무엇일까?

여러 국내외 연구자들이 가장 많이 주장하는 이유로 실패를 두려워하지 않는 이스라엘의 '후츠파 정신' 때문이라고 한다. 후츠파 정신이란 이스라엘의 창업기업가정신이라고 할 수 있는데, 이스라엘 사람들은 실패를 두려워하지 않으며 오히려 실패한 자들에게 격려하고 박수를 쳐주며 창업하지 않는 사람은 도전하지 않는 낙오자로 평가한다.

또한 이스라엘의 '탈무드 정신'도 중요한 역할을 하는 것으로 알려져 있다. 탈무드 정신이란 질문을 통한 교육, 참여와 토론문화를 강조하는 이스라엘의 창업기업가정신이라고 할 수 있는데, 이스라엘 기업들은 질문을 부끄러워하지 않으며 질문과 토론에 기반을 둔 교육 및 조직문화가 대부분이다.

이러한 이스라엘의 후츠파 정신과 탈무드 정신이 이스라엘을 세계적인 창업국가로 만들어놓았고, 이스라엘 청년들을 취업보다 창업에 더욱 도전하게 만들고 있다. 이러한 후츠파 정신과 탈무드 정신이 우리가 배워야할 진정한 창업기업가정신이 아닐까 생각한다.

제3절 창업전략

창업전략이란 창업기업이 추진해야 할 경쟁전략을 의미한다. 창업기업의 경우 기업수명주기^{Corporate Life Cycle}상 도입기 또는 성장기에 해당되기 때문에, 기업수준의 전략^{기업전략}과 사업부수준의 전략^{사업전략}으로 구분할 필요는 없을 것이다.

이에 창업기업의 창업전략은 기업전략과 사업전략을 통합한 경쟁전략으로 볼 수 있을 것이다. 따라서 마이클포터 교수가 제안한 경쟁전략 이론을 창업에 접목한 세부적인 창업전략에 대하여 살펴보자.

1. 창업전략 수립시 고려할 요소

창업기업이 창업전략 수립시 창업기업은 소비자, 경쟁자, 자사 등 세 가지 요소를 반드시 고려해야 한다.

---

3 출처: 이원재, "이스라엘의 기업가정신 – 이스라엘 기업가정신과 육성에 대해", 『과학기술정책』, 제24권 제3·4호, 2014, pp.56-64.

1) 소비자

창업전략 수립시 소비자에 대한 분석이 우선되어야 한다. 소비자는 우리 제품이나 서비스를 구매했거나 구매할 가능성이 높은 사람들을 의미한다. 즉 소비자가 무엇을 원하는지를 파악하고 분석하여 제품이나 서비스의 개발단계에서부터 이를 반드시 반영해야 한다. 또한 소비자들의 트렌드, 관심분야, 기업이미지 등 소비자에 대한 지속적인 조사가 요구된다.

2) 경쟁자

현재 대부분의 시장이 레드오션 시장인 경우가 많다. 창업기업은 가급적 블루오션 시장을 창출하는 것이 유리하지만, 현실적으로는 블루오션 시장을 창출하는 것이 쉽지 않다. 앞에서 창업환경 외부분석시 살펴본 바와 같이, 기존기업 간의 경쟁이 창업기업의 성과에 매우 중요한 요소가 된다. 이에 창업기업의 경쟁자 분석은 매우 중요하며, 특히 경쟁자의 전략분석은 필수적이다. 따라서 경쟁자에 대한 지속적인 모니터링이 필요하다.

3) 자사

소비자와 경쟁자에 대한 분석을 마치면, 자사의 핵심역량Core-Competence 분석이 필요하다. 과연 우리 창업기업이 어떤 분야에서 강점을 가지고 있으며 어떤 분야에서 약점을 가지고 있는지를 자체분석을 해보아야 한다. 이러한 자체분석을 통해 강점을 활용하고 약점을 보완할 수 있는 창업전략이 수립될 수 있을 것이다.

2. 창업전략의 유형

창업전략의 유형은 원가우위 전략, 차별화 전략, 집중화 전략 등 세 가지 창업전략으로 구분할 수 있다. 이 세 가지 창업전략은 마이클포터 교수가 제안한 경쟁전략 모형을 적용해 보았다.

1) 원가우위 전략

원가우위 전략은 경쟁사에 비해 싼 가격에 제품이나 서비스를 제공함으로써 경쟁우위를 창출하는 창업전략이다. 이마트나 홈플러스가 대표적인 원가우위 전략을 채택하고 있다. 원가우위 전략은 일반적으로 규모의 경제Economy of Scale를 통해 원가를 절감하고, 이러한 원가절감을 통해 제품이나 서비스의 가격을 낮추게 된다.

그림 3-1. 원가우위 전략 사례 (출처: 이마트 트레이더스)

2) 차별화 전략

차별화 전략은 경쟁사에 비해 차별화된 가치를 제공함으로써 경쟁우위를 창출하는 창업전략이다. 백화점이나 명품브랜드가 대표적인 차별화 전략을 채택하고 있다. 일반적으로 차별화 전략은 고급화 전략으로 활용되는 경우가 많다.

그림 3-2. 차별화 전략 사례 (출처: 샤넬)

3) 집중화 전략

집중화 전략은 세분시장에 집중하는 창업전략이다. 앞에서 살펴본 원가우위 전략과 차별화 전략은 전체시장을 대상으로 하는 창업전략인 반면, 집중화 전략은 일부 세분시장에 집중하는 창업전략을 의미한다. 이에 창업전략은 원가우위 전략과 연계할 수도 있으며 차별화 전략과 연계할 수도 있을 것이다. 이를 각각 원가우위 집중화 전략과 차별화 집중화 전략으로 정의할 수 있을 것이다. 창업기업의 경우 경영자원이 한정된 경우가 많으므로 이러한 원가우위 집중화 전략 또는 차별화 집중화 전략을 잘 활용할 필요가 있다.

마지막으로, 창업전략과 관련하여 주의해야 되는 것이 하나 있다. 바로 '어정쩡한 전략Stuck in the Middle'이 바로 그것이다. 어정쩡한 전략이란 원가우위 전략도 아닌 것이, 그렇다고 차별화 전략도 아닌 것을 의미한다. 즉 하나의 창업전략을 제대로 채택하지 못하고 중간에 걸치는 것을 말한다. 일반적으로 이러한 어정쩡한 전략은 소비자들에게 혼돈을 주고 실패로 연결되는 경우가 많으니 주의해야 한다.

제4절 창업컨설팅

최근 창업경영의 전문성이 요구되면서 창업컨설팅 시장이 매우 커지고 있다. 이에 국내의 많은 대학에서도 창업학과 또는 창업대학원이 설립되고 있으며, 이러한 대학들은 창업컨설팅을 위한 여러 도구나 기법에 초점을 두고 창업컨설턴트 양성에 기여하고 있다.

특히 과거에는 대기업, 공공기관 퇴직자 위주로 창업컨설턴트가 배출되었으나, 최근에는 글로벌 컨설팅기관, 석·박사급 연구원, 전문자격사경영·기술지도사, 공인노무사, 세무사 등 출신의 창업컨설턴트가 급증하고 있다.[4]

1. 창업컨설팅의 특성

창업기업의 의사결정 과정에서 보다 나은 해결방안을 모색하기 위

---

4 변상우·허갑수·배호영, 『21세기를 선도하기 위한 경영학의 이해』, 피앤씨미디어, 2017, pp.415.

해 창업컨설팅을 실시하게 된다. 이러한 창업컨설팅의 개념은 창업팀^{창업자}이 혼자서 해결하기 곤란하거나 많은 비용이 드는 경영상의 의사결정 문제에 대하여 객관적, 독립적, 적시적으로 제공해주는 유상의 전문지식 서비스라고 할 수 있다.[5] 또한 창업컨설팅의 특성에는 전문성, 사업성, 고객지향성, 지속성, 환경대응성 등이 있다. 세부적인 내용을 살펴보면 <표 3-3>과 같다.[6]

1) 전문성

전문성은 창업컨설팅의 핵심특성으로써 문제해결능력을 의미한다. 즉 창업기업의 현재 당면문제를 즉시 파악하고 문제를 해결할 수 있는 방안을 제시해줄 수 있는 능력을 말한다.

2) 사업성

사업성은 창업컨설팅이 영리적 전문서비스로써 상품적 가치가 있어야 한다는 것을 의미한다. 사업성이 없는 창업컨설팅은 고객을 만족시키지 못하고 있음을 나타낸다.

3) 고객지향성

고객지향성은 창업컨설팅이 고객의 문제와 고충을 충분히 이해하고 고객의 만족을 위해 최선을 다해야 한다는 것을 의미한다. 즉 창업컨설턴트는 자기 본인이 창업을 한다고 생각하고 최선을 다해 창업팀^{창업자}을 도와주어야 할 것이다.

---

[5] 배호영, "국내 중소기업 발전을 위한 경영·기술지도사 제도 선진화 방안 연구", 『법과정책』, 제22집 제3호, 2016, pp.144.
[6] 배호영, "국내 중소기업 발전을 위한 경영·기술지도사 제도 선진화 방안 연구", 『법과정책』, 제22집 제3호, 2016, pp.145.

4) 지속성

지속성은 창업컨설팅이 한 번으로 끝나는 것이 아니라 지속적으로 그 성과를 체크하며 개선해 나가야 하는 것을 의미하며, 창업컨설턴트는 컨설팅결과의 실행여부에 대해서도 계속적으로 사후관리 해주어야 할 것이다.

5) 환경대응성

환경대응성은 창업컨설팅이 사회적 책임경영^{CSR}, 윤리경영, 환경경영 등을 통해 경영환경에 지속적으로 대응해 나가야 함을 의미하며, 창업컨설팅은 외부환경과의 소통에 노력하는 개방형 시스템$^{Open System}$이 되어야 할 것이다.

표 3-3. 창업컨설팅의 특성[7]

특성	개념
전문성	컨설팅에 있어 가장 중요한 특성은 문제해결능력인 전문성임
사업성	컨설팅은 영리적 전문서비스로써 상품적 가치가 있어야 함
고객지향성	컨설팅은 고객의 문제와 고충을 충분히 이해하고 고객의 만족을 위해 최선을 다해야 함
지속성	컨설팅은 한 번으로 끝나는 것이 아니라 지속적으로 그 성과를 체크하며 개선해 나가야 함
환경대응성	컨설팅은 사회적 책임경영(CSR), 윤리경영, 환경경영 등을 통해 경영환경에 지속적으로 대응해 나가야 함

---

7 출처: 배호영, "국내 중소기업 발전을 위한 경영·기술지도사 제도 선진화 방안 연구", 『법과정책』, 제22집 제3호, 2016, 〈표 2〉, pp.145.

2. 창업컨설팅의 영역

창업컨설팅의 영역은 인적자원관리, 마케팅관리, 재무관리, 생산운영관리 등이 있으며, 최근에는 기술융합, 기술사업화, 융합컨설팅 등도 급증하고 있다. 세부내용을 살펴보면 <표 3-4>와 같으며, 제3부Part 3에서 체계적으로 학습한다.

표 3-4. 창업컨설팅의 영역8

분야	컨설팅 주제
인적자원관리	- 인적자원관리(HRM) 전략 수립, 성과관리시스템 구축 - 연봉제 설계, 직무분석, 조직개편 - 新조직문화 시스템 구축, 교육훈련(HRD) 시스템 구축
마케팅관리	- 마케팅관리 전략 수립, 수요예측 시스템 구축 - 신제품 기획, 가격 책정, 유통 전략, 판촉 전략 - 고객관계관리(CRM) 시스템 구축
재무관리	- 재무회계 시스템 구축 - 원가관리 시스템 구축 - 내부통제 시스템 구축
생산운영관리	- 공정작업 관리, 납기 관리, 생산스케줄링 관리 - 유연생산시스템(FMS) 구축 - 전사적 품질경영(TQM) 시스템 구축
기타	- 전사적 자원관리(ERP) 시스템 구축 - 공급사슬관리(SCM) 시스템 구축 - 기술융합, 기술사업화, 인증컨설팅 - 노무컨설팅, 세무컨설팅, 법무컨설팅

---

8 출처: 방용성·주윤황, 『컨설팅 방법론』, 학현사, 2015; 변상우·허갑수·배호영, 『21세기를 선도하기 위한 경영학의 이해』, 피앤씨미디어, 2017, pp.418(재인용).

3. 창업컨설팅 프로세스

창업컨설팅의 프로세스는 착수, 기획, 실행, 종료, 사후관리 등의 5단계 프로세스를 거치며, 세부내용은 다음과 같다.[9]

1) 착수

착수는 경영컨설팅 프로젝트의 과업범위, 기간, 재원 등이 계약되어 컨설팅이 시작되는 것을 말한다. 과업범위는 경영컨설팅 분야 중 전체 또는 일부가 설정되고, 기간은 프로젝트 수행에 필요한 특정 기간이 결정되고, 재원은 컨설팅에 지원될 예산을 말한다.

2) 기획

기획은 전체 업무범위, 업무목표, 업무분장, 추진일정, 예산집행 등을 구체화 하는 것을 말한다. 또한 창업컨설턴트별 세부 업무분장 및 세부 추진일정을 확정하는 것을 포함한다.

3) 실행

실행은 프로젝트를 실제로 실행하는 단계인데, 실행을 통해 창업기업의 문제점과 개선방안을 도출하는 것을 말한다. 실행단계에서 가장 중요한 것은 컨설턴트가 이론적인 대안만 제시해주면 되는 것이 아니라 바로 실행할 수 있는 실행계획action plan까지도 제시해주어야 한다는 점이다. 왜냐하면 실패하는 창업컨설팅의 대부분이 대안이 좋지 않아서가 아니라 실행하지 못해서이기 때문이다.

---

9 변상우·허갑수·배호영, 『21세기를 선도하기 위한 경영학의 이해』, 피앤씨미디어, 2017, pp.419-421.

4) 종료

프로젝트가 종료되고 나면 창업컨설팅 결과보고서를 창업기업에게 보고하게 되고 기타 계약상의 이행의무를 완료해야 한다. 또한 창업기업의 컨설팅 만족도 조사를 실시할 필요가 있다.

5) 사후관리

통상적으로 경영컨설팅에서는 3~6개월의 사후관리 기간을 가진다. 이러한 사후관리 과정을 통해 창업기업과의 관계가 더욱 강화될 수 있을 뿐만 아니라, 새로운 창업컨설팅 프로젝트와의 연계가능성도 높아진다.

PART 2

창업시작단계

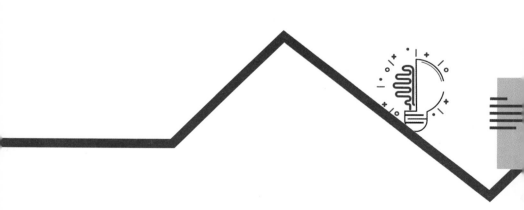

CHAPTER 4

창업아이템 선정과
창업타당성 분석

CHAPTER 4
창업아이템 선정과 창업타당성 분석

제1절 창업아이템의 발굴

창업프로세스의 첫 단계가 창업아이템 선정이다. 이러한 창업아이템은 직무경험, 전문자격증, 취미생활, 인적네트워킹, 외부정보 등을 통해 얻을 수 있다.

1. 직무경험

현재 또는 과거의 직무경험을 바탕으로 노하우가 쌓이면 이와 관련된 창업아이템을 쉽게 얻는 경우가 많다. 이러한 직무경험을 통해 창업아이템을 선정한다면 시행착오를 줄일 수 있고 성공가능성이 높아진다.

2. 전문자격증

조리자격증, 바리스타자격증, 조향자격증 등 기술관련 자격증 공부와 취득과정에서 창업아이템을 얻는 경우도 많다. 최근에는 4차 산업혁명과 관련된 드론, 빅데이터, 인공지능 자격증들도 생겨나고 있으며, 4차 산업혁명과 관련된 창업도 좋은 창업아이템이 될 수 있다.

3. 취미생활

평소에 창업팀^{창업자}이 관심이 있어 시간이나 비용투자를 많이 했던 분야에서 창업아이템을 의외로 쉽게 찾을 수 있다. 예를 들어, 자동차를 좋아하는 창업팀은 자동차 관련 분야에서, 스포츠를 좋아하는 창업팀은 스포츠 관련 분야에서, 커피를 좋아하는 창업팀은 커피 관련 분야에서 창업아이템을 얻을 수 있다.

4. 인적네트워킹

창업팀^{창업자}은 평소에 인적네트워킹을 구축하는데 시간과 비용을 투자해 두어야 한다. 동창생 뿐만 아니라 대학원 모임, 동호회 모임, 지역 모임, 온라인 모임 등을 통해 인적네트워킹이 쌓이면 인적네트워킹을 통해 창업아이템을 얻는 경우도 많다.

5. 외부정보

창업팀^{창업자}은 인터넷, 신문, 잡지, 뉴스, 전문서적 등을 통해 외부정보에 귀를 귀울여야 한다. 창업아이템을 외부정보를 통해 얻을 수 있기 때문이다. 따라서 최근에 이슈가 되고 있는 국내 아이템 뿐만 아니라 해외 아이템 파악에도 노력을 기울여야 하며, 온라인 정보조사와 함께 오프라인 시장조사에도 지속적으로 노력해야 한다.

제2절 창업아이템의 선정

창업아이템 선정은 창업아이템 후보군 설정, 수익성·혁신성·모방가능성·지속가능성 평가, 창업아이템 최종선정의 과정을 거친다.

1. 창업아이템 후보군 설정

앞에서 살펴본 바와 같이, 예비 창업팀^{창업자}는 직무경험, 전문자격증, 취미생활, 인적네트워킹, 외부정보 등을 통해 적극적으로 창업아이템을 발굴할 수 있어야 한다. 또한 창업아이템 발굴시 시장^{기존시장, 신시장}과 제품^{기존제품, 신제품}을 연계하는 방법도 활용가능한데, 세부방법은 다음과 같다.

1) 기존시장 - 기존제품

현재 존재하는 시장에 현재 존재하는 제품으로 창업아이템을 발굴할 수 있다. 이러한 방법은 신속한 시장 진입에는 도움을 주지만 시장에서 생존하는 것이 어렵다. 이에 기존시장에 기존제품으로 창업아이템을 발굴하는 경우에는 경쟁자와 차별화되는 핵심역량^{예: 마케팅역량}을 창출하거나 원가를 절감할 수 있어야 생존할 수 있다. 예를 들어, 창업팀^{창업자}이 기존제품의 원가절감을 통해 비용우위 전략으로 기존시장에 진입하는 경우를 들 수 있다.

2) 기존시장 - 신제품

현재 존재하는 시장에 신제품을 개발하는 창업아이템도 가능하다. 현재 존재하는 시장의 경우 경쟁자가 이미 존재하지만 신제품 출시를 통하여 시장에서 생존할 수 있다. 하지만 경쟁자가 쉽게 모방할 수 있는 신제품은 장기적인 경쟁우위를 가지지 못하기 때문에 창업팀^{창업자}의 신제품은 모방가능성이 적어야 생존가능성이 높아진다. 예를 들어, 과자 창업기업이 신제품을 출시하며 기존 과자 시장에 진입하는 경우를 들 수 있다.

3) 신시장 - 기존제품

기존제품에 새로운 융합을 통하여 신시장을 개척하는 것도 좋은 창업아이템이 된다. 예를 들어, 삼성전자가 기존 무선전화 제품기능에 카메라, MP3, 동영상 등의 기존제품 기능을 융합하여 모바일 신시장을 개척한 것을 예로 들 수 있다.

4) 신시장 - 신제품

창업팀^{창업자}이 신제품을 통해 신시장을 개척하는 경우가 위험이 크지만 수익도 가장 큰 방법이다. 특히 4차 산업혁명 시대에는 신제품을 통해 신시장을 개척하는 경우가 급증하고 있다. 예를 들어, 최근 건조기 제품이 새롭게 개발되어 건조기 시장이 새롭게 창출되었다.

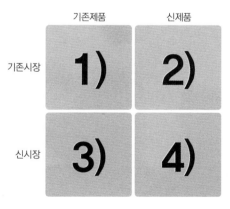

그림 4-1. 창업아이템 후보군 설정 방안

2. 수익성, 혁신성, 모방가능성, 지속가능성 평가

창업아이템 후보군에 대하여 다음 요소들을 종합적으로 고려하여 평가를 실시해야 한다. 이 단계에서 수요자들을 대상으로 설문조사를 하거나 창업컨설턴트에게 자문을 의뢰하는 것도 대안이 될 수 있다.

1) 수익성

수익성은 사업성을 의미하는데, 창업아이템은 수익[이익]이 발생할 수 있어야 한다. 즉 창업아이템의 예상매출액, 예상이익률 등을 정량적으로 도출해 보아야 한다.

2) 혁신성

혁신성은 창의성을 의미하는데, 창업아이템은 기존 제품 또는 시장과 차별화될 수 있는 창의적 요소를 반드시 갖추어야 한다. 애플이 디자인의 혁신을 이루어 성공했듯이, 창업팀[창업자]도 경쟁사와 차별화되는 혁신적 요소를 창출해야 한다.

3) 모방가능성

모방가능성은 경쟁사가 우리의 창업아이템을 쉽게 모방할 수 없어야 함을 의미한다. 경쟁사의 모방가능성 최소화를 위하여 특허권, 산업재산권 등의 지식재산권을 반드시 사전에 확보해 두어야 한다.

4) 지속가능성

지속가능성은 협의적 의미로는 창업아이템이 장기적으로 유지될 수 있어야 함을 의미하고 광의적 의미로는 창업아이템이 관련 법률준수를 넘어 친환경적이어야 함을 의미한다. 즉 지속가능성의 광의적 의미는 기업의 사회적 책임[CSR]을 의미한다.

3. 창업아이템 최종선정

창업아이템 최종선정은 <표 4-1>의 평가표에 의해 실시할 수 있다. 각 항목의 배점은 변경가능하며, 본 예시에서는 수익성 40점, 혁신성 30점, 모방가능성 20점, 지속가능성 10점으로 평가하였다.

표 4-1. 창업아이템 평가표 (예시)

항목	배점	창업아이템 평가점수		
		A아이템	B아이템	C아이템
수익성	40점	( )	( )	( )
혁신성	30점	( )	( )	( )
모방가능성	20점	( )	( )	( )
지속가능성	10점	( )	( )	( )
합계	100점	( )	( )	( )

제3절 창업아이템의 사례

본 절에서는 현 시대에 적합한 창업아이템의 사례를 제시해 보고자 한다. 독자들도 참고하여 창업아이템 선정에 도움이 되었으면 좋겠다.

1. 곤충쿠키

최근 웰빙 트렌드에 발맞추어 국내외에 식용곤충을 이용한 쿠키를 만드는 기업들이 생겨나고 있다. 이러한 식용곤충을 이용한 쿠키는 대부분 곤충 분말로 만들어지기 때문에 곤충 혐오감을 줄일 수 있으며 영양분도 많아 건강에 좋은 것으로 알려져 있다. 또한 곤충쿠키 외에도 파스타, 건강식품 등에도 활용할 수 있어 유망한 창업아이템으로 판단된다.

그림 4-2. 곤충쿠키 (출처: 이더블 주식회사)

2. 온라인 장례식

최근 ICT기술의 발달로 인하여 미국에서는 온라인 장례업체가 등장하였다. 온라인 장례식은 장례식 참석자들이 장지에 참석하지 않고 인터넷을 통해 장례식 화면을 볼 수 있는 서비스를 말한다. 이러한 창업아이템은 온라인 장례지도사라는 새로운 직업을 만들어낼 것으로 예상된다.

3. 산소방 (산소캡슐)

과거에 물을 사먹는다고 생각하지 못했지만 현재 우리는 좋은 물은 사먹고 있다. 이와 비슷하게 지금은 산소를 사먹는다고 생각하지 못하지만 앞으로 우리는 좋은 산소를 사먹을 것이다.

이러한 컨셉에서 시작된 산소방산소캡슐 창업아이템은 일본을 거쳐 최근 우리나라에도 상륙하였다. 산소방산소캡슐에 들어가면 산소가 호흡을 통해 세포로 직접 흡수되어 편두통이 해소되고 피로회복에도 도움이 되는 것으로 알려져 있다. 직장인, 주부, 학생 등 관련 시장이 매우 크고, 스파, 헬스, 미용 등과도 연계할 수 있을 것으로 기대된다.

○● 사례

'훈제 귀뚜라미·매운맛 애벌레' 스페인 과자 출시

(2018.04.20. 연합뉴스 기사, 이동경 기자)

스페인 슈퍼마켓에 훈제 귀뚜라미와 칠리소스가 가미된 매운맛 애벌레 스낵 등 '친환경' 음식들이 대거 등장했다. 프랑스 대형할인 체인점인 카르푸가 스페인의 300개 지점에 19일(현지시간) 이러한 음식을 선보였다고 영국 가디언이 카르푸 성명을 인용해 보도했다.

특히 '지미니스'라는 초콜릿 바(chocolate bar)에는 다크 초콜릿, 무화과와 함께 귀뚜라미를 말려 갈아서 만든 가루가 들어갔다. 무게 14g인 귀뚜라미 초콜릿 바 개당 가격은 7파운드(약 1만원)로 그리 싼 편은 아니지만, 카르푸는 이에 걸맞게 입맛에 친숙하고 좋은 식감을 내세운다는 방침이다. 이 초콜릿 바의 '원재료'인 귀뚜라미는 1kg당 500파운드(약 75만원)에 달할 정도로 '귀한 몸'이라고 한다.

하지만 지방이나 섬유질, 단백질, 아미노산, 비타민B 등이 풍부한 이러한 곤충을 먹는 인구는 더욱 확산할 것으로 업계는 예상하고 있다. 이날 스페인 수도 마드리드 로스 앙헬레스 쇼핑센터에 있는 카르푸에서 훈제 귀뚜라미와 마늘과 허브향이 애벌레 스낵을 먹어보려는 사람들이 몇몇 모여들었다.

친환경 음식 쇼핑을 선호하는 마리벨 산체스라는 여성은 애벌레 스낵 한 봉지를 산뒤 "튀겨서 요리했다면 (애벌레) 몸속도 말라 있을 테고 걱정할 건 없을 거 같다"며 "달팽이나 조개같이 끈적끈적한 것도 먹지 않느냐"고 했다. 이 여성은 친구가 콜롬비아에서 가져온 개미 요리도 먹어봤다고 했다.

카르푸의 한 직원은 땅콩처럼 깨물어 먹는 곤충을 통째로 넣은 샐러드를 만드는 방안을 생각하는가 하면, 파스타를 생산하는 업체의 영업직원은 곤충 가루를 가미한 파스타를 내놓을 수도 있지 않겠냐는 생각도 했다. 카르푸측은 곤충으로 만든 음식을 생산함으로써 온실가스 방출을 99% 줄이고 수질 오염과 수자원 낭비도 예방할 수 있다고 전망했다. 앞서 지난해 11월에는 핀란드의 식품기업 파제르가 귀뚜라미 가루와 밀가루, 씨앗 등을 섞어 만든 '귀뚜라미 빵'을 출시해 주목을 받았다.

유엔식량농업기구는 전 세계 약 20억 명이 곤충을 먹고, 1천 900여 종의 곤충이 식용으로 쓰이고 있는 것으로 추산하고 있다. 곤충 소비는 주로 아시아, 아프리카, 호주, 아메리카대륙에서 이뤄지고 있다. 유럽연합(EU)이 지난 1월 곤충 식용에 관한 규정을 발효해 유럽 국가들이 해당 음식을 접할 기회가 확대되고 있다.

제4절 창업타당성 분석

창업아이템 선정이 끝나면 선정된 창업아이템에 대한 창업타당성 분석이 이루어져야 한다. 즉 창업타당성 분석이란 창업아이템의 기술성, 시장성, 수익성 등을 종합적으로 평가하는 것을 말한다. 세부적으로 살펴보면 <표 4-2>와 같다.

1. 기술성 분석

창업팀^{창업자}이 가지고 있는 기술적 측면을 종합적으로 검토하는 것이 기술성 분석인데, 기술성 분석에는 원재료 수급 용이성, 제조공정, 신제품 품질, 신제품 개발능력 등을 포함한다. 특히 기술성 분석 시에는 반드시 관련 특허를 확인해 보아야 한다.

2. 시장성 분석

창업팀^{창업자}이 가지고 있는 기술도 중요하시만 창업아이템이 실제로 시장에서 팔릴수 있을지가 더욱 중요하다. 이에 시장성 분석이란 시장수요조사, 경쟁사 조사, 판로개척, 세부 판매계획^{매출액 예측} 등을 포함한다. 특히 시장성 분석 시에는 산업구조분석, SWOT분석 등을 통한 시장환경분석이 선행되어야 한다.

3. 수익성 분석

창업팀^{창업자}이 창업후 생존하기 위해서는 수익이 창출되어야 한다. 이에 창업아이템에 대한 수익성 분석이 필수적이다. 수익성 분석은 원가분석, 목표가격 책정, 손익분기점 분석, 당기순이익 예측 등을 포함한다. 특히 수익성 분석 시에는 추정 재무제표^{재무상태표, 손익계산서 등}를 작성해 볼 필요가 있다.

표 4-2. 창업타당성 분석의 3요소

구분	분석 내용
기술성 분석	원재료 수급 용이성, 제조공정, 신제품 품질, 신제품 개발능력 등
시장성 분석	시장수요조사, 경쟁사 조사, 판로개척, 세부 판매계획 등
수익성 분석	원가분석, 목표가격 책정, 손익분기점 분석, 당기순이익 예측 등

CHAPTER 5

창업사업계획서 작성

CHAPTER 5
창업사업계획서 작성

제1절 창업사업계획서의 정의

창업사업계획은 창업아이템을 구체화시켜 앞으로 실행할 일련의 활동에 대한 계획이다. 사업계획을 기록해 놓은 서류를 창업사업계획서라고 한다.

이러한 창업사업계획서는 사업의 실현을 위한 행동계획서이다. 아무리 좋은 창업아이템이라 하더라도 그 실행계획이 구체적이지 못하면 성공하기 어렵다. 그리고, 아무리 짜임새 있는 계획을 구상하였다 하더라도 그것이 창업사업계획서에 잘 표현되지 못하면 이해관계자로부터 사업의 우수성을 인정받지 못하게 될 것이다. 또한, 창업사업계획서는 창업자 자신을 위한 것이다. 사업계획을 '타인에게 보이기 위한 것', '실제 내용보다는 형식을 위한 것'으로 생각하는 소극적인 태도는 버려야 한다.

특히 창업팀 단독으로 사업을 추진하는 경우라 하더라도 창업사업계획서는 작성하는 것이 좋다. 물론 머리 속에 작성한 사업계획만으로도 훌륭히 사업을 성공시킬 수 있는 능력을 갖춘 사람도 있다. 그러나 대부분의 사람은 그러하지 못하며, 사업규모가 커지면 창업자 자신뿐만 아니라 타인을 움직이어야 하므로 기록으로 표현된 행동지침인 문서화된 창업사업계획서가 필요하다.

1. 창업사업계획서의 필요성

예전에는 창업사업계획서 작성이 단순히 남에게 보여 주기 위한 요식 행위에 지나지 않는다고 단정하는 사람들이 많았다. 창업을 준비 중이거나 이미 사업을 착수한 사람이든 대외용으로 불가피하게 작성해야 하는 통과의례 서류로 인식해 왔었다. 즉 금융기관이나 창업투자 회사에서 상투적으로 요청하는 서류의 하나라고 생각하며 대충대충 빈칸 채우기에 급급했던 것이다.

하지만 외부투자를 원하던 많은 창업팀은 사업계획서 심사과정에서 고배를 마신 뒤, 이와 같은 인식이 무척이나 달라지고 있다. 왜 이들은 그토록 쓴 고배의 잔을 마셔야 했던 것일까? 사실 이 문제에 대한 답은 간단하다. 바로 창업사업계획서를 수박 겉핥기식으로 만들어 제삼자^{투자자}를 설득하는데 소홀했기 때문이다.

그런데 혹자는 기발한 아이템에도 불구하고 대수롭지 않은 서류 심사 때문에 사업성을 인정받지 못했다고 불만을 토로한다. 물론 훌륭한 사업내용을 사업계획서라는 그릇에 잘못 담는 바람에 자본조달에 차질을 빚거나, 그처럼 획기적인 창업아이템의 사업성을 이해하지 못한 문외한들 때문에 심사를 통과하지 못했을 수도 있다.

하지만 그렇다고 외부에서 평가와 심사를 한 투자자들의 무지와 판단잘못만을 탓하고 앉아 있을 수는 없다. 비록 창업사업계획서를 검토하는 대상자가 비전문가라 할지라도, 또는 그 분야에 있어 무지한 사람일지라도 얼마든지 설득시킬 수 있는 창업사업계획서를 만드는 수밖에 없는 것이다.

어떤 사업을 시작하려면 ①진지하고 객관적인 사업 동기 ②사업 성공을 향한 열정 ③풍부한 경험 축적과 노하우 ④특별한 재능과 기능 ⑤지속적인 연구와 체계적인 계획 수립 등이 절실히 필요하다. 와 이셔츠를 입을 때 첫 단추를 잘 꿰어야 하듯이 사업 또한 시작단계에서의 판단과 예측, 계획 수립 등이 미래의 진로를 좌우한다. 합리적이고 현실적인 창업사업계획서를 만들 수 있느냐는 곧, 사업성패의 운명을 가른다고 봐도 무방하다.

창업사업계획서는 타당성을 검증하고 장점과 단점을 파악하며 발생가능한 위험요소를 사전에 점검하고 대비하는 데 결정적인 바로미터 구실을 한다. 창업사업계획서는 사업 착수 당시에 미처 예측하지 못한 주요 문제점들을 검토할 수 있는 기회를 제공할 뿐만 아니라, 사업진행 내용과 상황을 수시로 점검하여 발생가능한 실수를 미리 제거하는 데 도움을 주기 때문이다.

2. 창업사업계획서의 작성목적

창업사업계획서를 작성할 때에는 기본 목표와 방향을 제대로 설정하지 않으면 추진 과정에서 초점을 잃고 표류할 수도 있다. 따라서 개괄적인 측면의 작성 목적을 먼저 명확히 설정해 두어야 한다.

특히 작성목적은 크게 네 가지 정도로 구분할 수 있다. 첫째, 사업 타당성 여부를 검증하기 위해 작성하는 경우. 둘째, 창업 계획을 구체화하기 위한 수단으로서 작성하는 경우. 셋째, 자기 자본과 타인 자본을 조달하기 위해 작성하는 경우. 그리고 마지막으로 공장 설립에 따른 인·허가를 위해 작성하는 경우가 바로 그것이다.

모든 일에 양면성이 있는 것처럼 사업계획서를 작성하는 목적도 기능적인 측면에서 두 가지로 대별할 수 있다. 즉, 사업계획서는 내부용이자 외부용으로 작성된다고 볼 수 있으며, 이를 간략히 정리하면 다음과 같다.

1) 내부용 목적

- 사업초기 단계의 사업방향 설정
- 사업목표 달성이 가능한 조직과 인력의 구성
- 회사의 경영전략 수립과 시장동향 파악
- 추진과정에서의 문제점 발견
- 세부 추진내용이나 방향의 수정 등 모든 의사 결정에 도움을 주는 지침서

2) 외부용 목적

- 회사의 성장에 필요한 외부자금 조달 목적
- 회사의 전반적인 현황 홍보
- 향후 계획 등에 대한 지향점 검토
- 시장의 존재와 진입가능성 검토

제2절 창업사업계획서의 구성과 작성

1. 창업사업계획서 샘플

I. 기업체 현황
　1. 회사 개요
　2. 회사 연혁
　3. 창업동기 및 향후 계획

II. 조직 및 인력현황
  1. 조직도
  2. 대표자, 경영진 및 주요 기술진 현황
  3. 주주현황
  4. 인력 구성상의 강·약점

III. 기술현황 및 기술개발 계획
  1. 제품(서비스)의 내용
  2. 기술현황 및 핵심기술
  3. 기술개발 투자 및 기술개발 계획

IV. 생산계획 및 시설투자계획
  1. 시설현황
  2. 생산공정도
  3. 원·부자재 조달계획
  4. 시설투자계획

V. 시장성 및 마케팅 전략
  1. 일반적 시장 현황
  2. 동종업계 및 경쟁업체 현황
  3. 계획제품(서비스)의 시장성 분석
  4. 판매계획 및 마케팅 전략

VI. 재무계획 및 자금계획
  1. 주요 재무상태 및 차입금 현황
  2. 추정 재무제표
  3. 손익분기점 분석
  4. 소요자금 및 조달계획

VII. 사업추진 일정계획

2. 창업사업계획서의 작성

1) 작성시 유의사항

- 사업계획서의 작성을 시작하기 전에 기본계획과 추진방향, 작성순서를 미리 정해 두어야 시간과 인력을 절감할 수 있다.

- 작성 목적과 요청하는 상대에 따라 작성지침이나 작성요령이 각각 다를 수 있고, 나름대로 상대의 실정에 맞는 소정양식을 제시하는 곳도 적지 않다. 특히 자금 조달을 위해 작성하는 경우, 사업계획서를 요청하는 회사의 성격에 따라 차이가 있을 수 있기 때문에 소정양식을 미리 입수하여 면밀히 검토한 후 작성요령과 고득점 비법 등을 터득하는 것이 중요하다.

- 사업계획서 작성에 필요한 자료와 첨부서류를 사전에 철저히 준비하는 일도 결코 소홀히 해서는 안 된다. 단, '기본방향 설정 → 소정 양식과 작성 요령 확인 → 작성 계획 수립'과 같은 3단계의 예비 절차를 거쳐야 한다.

- 사업계획서의 구성은 가장 중요한 작업 중의 하나이다. 상대방이 제시하는 소정양식이 있다면 특별히 고민할 필요는 없다. 하지만 특정 양식이 없을 경우 사업 특성을 감안하여 목표사업에 어울리는 양식을 미리 확정해야 한다. 구성양식은 한 눈에 알아볼 수 있도록 복잡하지 않게, 장황한 글보다는 도표와 그래프를 적절히 활용하도록 한다.

- 작성원칙도 중요하고 상대방이 요구하는 작성요령도 중요하지만 나름대로의 작성기교도 필요하다. 어떤 문서를 작성하든 큰 제목과 작은 제목을 구분할 수 있도록 크기를 조정하거나

분류 번호를 사용한다. 아무리 명쾌한 설명이라고 해도 중복 표현은 읽는 이를 피곤하게 할 뿐이다. 글을 다듬는 기교도 무시할 수 없다. 호흡이 긴 문장과 난해한 표현을 지양하고 가능한 한 짧은 문장을 사용해야 한다. 여러 명이 작성한 계획서는 일관성을 잃을 우려가 있으므로 총괄 기획 부서에서 일관된 필체로 다듬어야 한다.

• 훌륭한 보고서는 수많은 수정 작업을 통해서 만들어진다. 유명한 작가들이 자신의 작품을 발표하기까지에는 수십 차례의 교정과 교열 등 퇴고작업 과정이 있듯이, 끊임없는 평가와 수정작업을 거칠 때 간절히 원하는 수준의 작품이 탄생하기 마련이다. 초기의 사업계획서가 수많은 수정·보완 작업을 거치지 않고 그대로 제출된다면 반드시 문제가 발생할 수 있다. 따라서 사업계획서를 외부로 내보내기 전에 객관적 평가를 내릴 수 있는 사람들의 의견을 두루 종합해 보는 것도 매우 바람직하다.

2) 작성양식 샘플

대부분의 사업계획서 양식은 유사하므로 어떠한 사업계획서가 되든 창업팀의 입장에서 직접 작성해보고 작성된 내용에 대한 전문가의 도움을 받는 것도 창업자에게는 많은 도움이 된다. 이에 2018년 창업선도대학 예비창업자 사업계획서 양식을 제시하고자 하니 참고해 보기 바란다.

항목	세부항목
☐ 일반 현황	– 기본정보 : 대표자, 아이템명 등 일반현황 및 제품(서비스) 개요 – 세부정보 : 신청분야, 기술분야 신청자 세부정보 기재
☐ 창업아이템 개요(요약)	– 창업아이템 소개, 차별성, 개발경과, 국내외 목표시장, 창업아이 템 이미지 등을 요약하여 기재
1. 문제인식 (Problem)	1-1. 창업아이템의 개발동기 ● 창업아이템의 부재로 불편한 점, 국내·외 시장(사회·경제·기술) 의 문제점을 혁신적으로 해결하기 위한 방안 등을 기재 1-2 창업아이템의 목적(필요성) ● 창업아이템의 구현하고자 하는 목적, 국내·외 시장(사회·경제· 기술)의 문제점을 혁신적으로 해결하기 위한 방안 등을 기재
2. 실현가능성 (Solution)	2-1. 창업아이템의 사업화 전략 ● 비즈니스 모델(BM), 제품(서비스) 구현정도, 제작 소요기간 및 제작방법(자체, 외주), 추진일정 등을 기재 2-2. 창업아이템의 시장분석 및 경쟁력 확보방안 ● 기능·효용·성분·디자인·스타일 등의 측면에서 현재 시장에서의 대체재(경쟁사) 대비 우위요소, 차별화 전략 등을 기재
3. 성장전략 (Scale-up)	3-1. 자금소요 및 조달계획 ● 자금의 필요성, 금액의 적정성 여부를 판단할 수 있도록 사업비 (정부지원금+대응자금(현금))의 사용계획 등을 기재 3-2. 시장진입 및 성과창출 전략 ● 내수시장 : 주 소비자층, 시장진출 전략, 그간 실적 등 ● 해외시장 : 글로벌 진출 실적, 역량, 수출망 확보계획 등 3-3 출구(EXIT) 목표 및 전략 ● 투자유치 : 엔젤투자, VC(벤처캐피탈), 크라우드 펀딩 등의 투자 처, 향후 투자유치 추진전략 및 방법 등 ● 인수·합병(M&A) : M&A를 통한 사업확장 또는 출구전략에 대 한 중·장기 전략 ● 기업공개(IPO) : 기업의 경쟁력 강화, 투자자금 회수 등을 위한 IPO 중·장기 전략

	• 정부지원금 : R&D, 정책자금 등 정부지원금을 통한 자금 확보 전략
4. 팀 구성 (Team)	4-1. 대표자 및 팀원의 보유역량
	• 대표자 및 팀원(업무파트너 포함) 보유하고 있는 경험, 기술력, 노하우 등 기재
	4-2. 사회적 가치 실천계획
	• 양질의 일자리 창출을 위한 중소기업 성과공유제, 비정규직의 정규직화, 근로시간 단축 등 사회적 가치 실천계획을 기재

CHAPTER 6

창업기업의 설립

CHAPTER 6

창업기업의 설립

제1절 창업자금의 조달

1. 창업자금의 의의 및 중요성

창업팀의 창업성공 기본적인 조건과는 다른 의미로 창업을 성공하게 하는 결정적인 요인이 바로 창업자금이다. 대부분의 창업팀은 그들이 창업하는 분야에 있어서 이미 전문가인 경우가 많다. 대부분 전문분야에서 10년, 20년을 지내온 경험을 가지고 있어, 그들이 맡고 있는 일은 차이가 있을 수 있지만 그 일에 대해서는 웬만하면 알 건 다 안다고 자부하는 사람들이다.

그러나 불행하게도 창업을 한 후에 3년 이내에 문을 닫는 업체가 대부분이라고 한다. 즉 창업팀의 경영관리 미숙, 시장확보의 실패 또는 급변하는 사업환경에 대한 미적용 등 여러 사유가 있을 수 있겠지만, 결정적인 사업실패의 원인은 바로 창업자금의 부족에 있다.

주변을 살펴보면 창업팀은 빠듯한 창업자금, 아니면 적정규모에 모자라는 창업자금으로 사업을 시작하는 창업자들을 볼 수 있다. 숙련된 기술과 정열적인 노력으로 작업장이나 거래처를 열심히 뛰어다녀보지만 사업초기는 모든 것이 뜻대로 되지 않는 경우가 많다. 며칠을 기다리던 결제가 몇 개월짜리 어음으로 들어오는 경우가 대부분이다.

이럴 경우에는 기술이나 신용이 없어서 또는 물건을 못 팔아서가 아니라 몇 개월 버틸 수 있는 창업자금이 부족하다는 점이 창업자를 가장 힘들게 한다. 이와같이, 창업기간 내에 회사를 움직이게 하는 창업자금은 그동안의 꿈과 노력을 헛되게 만들 수도 있는 것이다. 따라서 성공적인 창업이 되기 위해서는 충분한 창업자금의 확보가 선행되어야 하며 이는 곧 창업성공의 결정적인 요인이 된다.

2. 창업자금의 종류

창업자금, 즉 창업에 필요한 자금은 시설자금과 운전자금으로 크게 구분이 된다. 시설자금은 사업장을 확보하는 비용, 필요한 집기비품의 구입비, 제품생산에 필요한 생산설비 구입비 등이며, 운전자금은 사업을 개시한 후 물건을 팔아서 회사에 현금이 들어올 때까지 회사 운영에 필요한 재료비, 인건비, 경비 등이다.

일반적으로 사람들은 시설자금에 대해서는 어느 정도 근접하게 예상금액을 뽑아낸다. 여기저기 전화를 해서 가격도 알아보고 견적서도 받아서 비교해보고 적정한 가격으로 시설리스트를 뽑아본다. 그러나 중요한 것은 운전자금에 있다. 사업을 시작한다고 해서 바로 회사에 돈이 들어오는 것은 아님에도 불구하고, 창업팀은 운전자금에 대한 검토를 소홀히 한다.

제조업의 경우, 제품을 만들어서 납품을 해야 하고 다음 달에 결제되는 자금은 몇 개월 후에야 돈으로 만져 볼 수 있는 어음일 수도 있다. 그래도 사업을 시작하면서 곧바로 제품을 팔 수 있는 회사는 상당히 준비된 회사이다. 판매시장도 개척해야 하고 개발제품의 완성에 또 손이 가야 된다면 자금회수 기일은 더 걸릴 것이다.

유통업, 서비스업, 무역업 등도 마찬가지이다. 시작하는 회사이므로 이름도 알려져야 하고, 외상 미수금이 조금씩 들어오려면 적지 않은 시간이 필요하다. 이렇게 영업활동으로 인하여 정상적인 자금유입이 이루어지기까지의 시간, 즉 1회전 운전자금의 기간을 일반적으로 제조업은 3개월, 기타 유통, 서비스업 등은 1~2개월로 보고 있으나, 여러 원인으로 인해 그 기간이 더 길어질 수도 있다.

표 6-1. 창업자금의 유형

구분	비용항목
시설자금	유무형 고장자산 및 기타자산매입비 등
운전자금	인건비, 재료비, 경비 등
계	

3. 창업자금의 조달방법

1) 자기자금 및 타인자금의 구분

- 창업자금의 조달은 크게 자기자금과 타인자금으로 구분할 수 있으며, 현금이 아니더라도 현물이나 시설을 빌려와서 쓸 수도 있을 것이다. 자기자금은 창업팀이 가지고 있는 현금이나 현물을 의미하며, 타인자금은 자기자금 이외에 외부로부터 조달하는 모든 차입금을 말한다.

- 이러한 차입금은 이자나 원금상환 등의 조건이 붙어 있어 꼬박꼬박 이자도 내야하고 정해진 날에 원금을 돌려줘야 하는 부담이 있는 돈이기에 자금조달 계획을 수립할 때부터 차입규모나 방법에 있어 신중을 기해야 한다.

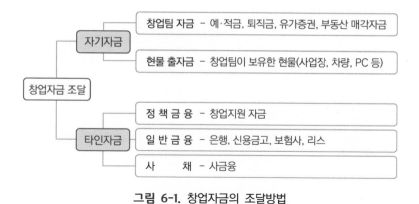

그림 6-1. 창업자금의 조달방법

2) 자금조달 방법 결정시 고려사항

- 자금조달 비용 : 자금조달 비용을 구성하는 가장 큰 요소는 자금조달에 따르는 차입금리, 주식의 배당률 또는 회사채 등의 발행금리이다. 이외에 자금조달시 수반되는 인지대, 감정수수료, 등기비용, 지급보증료 등의 부대비용과 함께 차입에 따라 대응되는 구속성 예금의 가입이 요구되는 경우에는 차입 금리와 예금금리의 격차 역시 금융비용으로 고려되어야 한다.

- 자금조달의 안정성 : 자금의 안정성이란 자금의 상환기간의 장단과 관계가 있다. 예를 들면 공장을 짓거나 생산시설 투자를 하는데 필요한 자금을 단기 차입금으로 조달하였다면, 고정자산에 투하된 자본의 회수 전에 차입금의 상환기일이 도래하게 되고 기업은 자금의 상환이 어려워지게 되므로 자금조달의 안정성은 떨어지게 된다. 따라서 재료비, 인건비, 경비 등의 유동자금은 단기차입금에 의해 조달을 하고 시설투자 등의 고정자산은 장기차입금에 의해 조달하는 것이 좋다.

• 자금조달의 난이도 : 자금조달에는 융자절차 등에 있어 여러 가지 단계를 거쳐야 하고 자금조달의 제약이 있을 수 있으므로 각 자금별로 조달상의 난이도를 감안하여야 한다. 사채발행의 경우에도 발행회사의 재무적 측면에 있어서의 발행한도 제한을 두고 있으며, 일반 금융기관에서의 차입금 대출 시에도 기업의 신용도, 담보제공 능력을 본다. 특히 정책자금의 경우에는 신청회사의 업력, 업종, 생산품목, 기타 사업여건 등에 있어서 일정조건을 갖추어야 하기 때문에 자금조달이 더욱 까다로운 편이다.

3) 정책자금의 조달

이러한 자금조달 시에 검토해야 할 사항 중에서 그래도 우선순위를 택한다면 자금조달에 따른 비용을 먼저 생각해야 한다. 대출절차가 다소 복잡하고 자격요건이 까다롭다고 하더라도 상환기간이 긴 저리의 자금을 받을 수 있다면 기업경영에 많은 도움을 줄 수 있기 때문이다. 이러한 면에서 정책자금은 기업체 입장에서 최적의 자금이다. 다음 표는 전술한 자금조달 시 검토사항을 기준으로 하여 일반 금융기관을 통한 기업대출자금과 정책자금을 비교한 것이다.

표 6-2. 일반대출자금과 정책자금의 비교

구분	일반대출자금	정책자금
자금조달 비용 (이자비용 기준)	• 우대금리 : 연 10% 내외 • 가산금리 : 연 1~5% • 일반적인 중소기업 대출금리 수준은 연 13% 이상임	• 정책자금별로 상이하나, 보통 연 4~6% 수준임

구분	일반대출자금	정책자금
자금조달의 안정성	• 자금대출시 용도가 정해져 있지 않은 자금은 임의적인 용도로 사용할 수 있음 (상환기간이 짧은 대출자금으로 고정자산에 투자시 안정성 결여)	• 정책자금 공고시, 지원자금의 용도와 상환기간이 정해져 있으므로 자금의 안정성이 있음 – 시설자금 : 8년 이내 – 운전자금 : 3년 이내 – 연구개발자금 : 5년 이내
자금조달의 난이도	• 대출받고자 하는 금융기관의 여신규정에 따라 대출을 받음	• 지원기관으로부터 정책자금을 배정받고 이를 금융기관에서 대출받기 때문에 절차가 다소 복잡함

제2절 창업기업의 설립

1. 창업기업의 설립

창업 이후 사업이 정상궤도에 이를 때까지 여러 어려움이 있다. 결국 자신의 무한한 가능성을 믿고 착실히 전진하는 것이 최선의 방법이 되겠으나, 창업단계에서의 준비나 전략이 매우 중요하다. 특히, 가족은 가장 중요한 파트너로서 최대한의 협력이 필요하다.

창업을 하면 지금까지와는 달리 생활습관에 많은 변화가 일어난다. 토, 일요일은 물론 공휴일도 없이 하루 24시간 대부분이 업무의 연속이 되기도 한다. 이때 중요한 것은 가족과의 단란한 시간을 자신의 생활습관 속에서 짧게나마 할애하는 것이다. 가족의 협력을 얻기 위해서는 항상 밝은 미래를 자신부터 믿고서 가족과의 대화를 통해 꿈을 공유하는 것이다. 이를 통하여 가족의 협력과 이해를 얻는 것이 가능해진다.

특히 4차 산업혁명 시대가 도래됨에 따라 새로운 사업 아이템들이 많이 등장하고 있다. 성공적인 창업을 위해서는 창업팀의 전문적 지식과 경험이 가장 중요하므로 사회적 변화에 맞고 자신의 지식을 가장 잘 활용할 수 있는 창업아이템을 선정해야 한다. 목표시장을 명확하게 설정하여 자신의 전공과 경험을 최대한 살릴 수 있는 분야에서 시작해야 창업성공의 가능성을 높일 수 있다.

즉 사회적 변화에 적합한 사업 아이템을 선정하고 세계적인 변화의 추세와 소비자의 욕구에 맞는 시기에 창업하는 것도 중요하다. 충분한 창업준비 기간을 가지고 상품의 시장규모, 자금계획, 마케팅 전략 등을 준비하면서 미래의 변화를 읽는 안목을 가지고 창업기회를 포착하여야 한다.

2. 창업기업의 설립형태

기업의 형태에 따라 각각의 특성과 장단점이 존재하므로 어떤 형태의 기업을 설립할 것인가는 창업기업의 성공여부를 좌우하는 중요요소이다. 기업의 구조적 특징은 그 자신이 어떠한 기업형태를 갖추고 있는가에 따라 달라진다. 기업의 분류는 기업목적영리목적, 사회복지와 공익, 국가재정 수익, 기업규모중소기업, 대기업, 소유관계개인, 집단, 정부, 참가관계출자자의 경영참가여부, 제품시장관계도매, 소매, 위험과 책임의 정도유한, 무한책임 등의 특징에 따른다.

기업형태란 출자와 경영, 지배의 관계로부터 본 경제적 형태와 이를 기초로 하여 법률에 규정되어 있는 법률적 형태로 구별할 수 있다. 즉, 기업을 소유체제에 따라 구분하면 (1) 사기업개인기업: 출자자가 개인,

공동기업: 출자자가 2인 이상, (2) 공기업, (3) 공사공동기업으로 나눌 수 있다. 경제적 형태를 기초로 법률적 형태를 규정하고 있기 때문에 반드시 두 형태가 일치하는 것은 아니다. 즉, 법률적으로는 공동기업이면서 경제적으로는 개인 기업이라 할 수 있는 1인 소유 주식회사의 경우와 경제적으로는 공동기업이면서 법률적으로는 개인 기업에 속하는 익명조합을 들 수 있다.

상법 등의 제반 규정에 따라 운영되고 있는 기업의 조직형태는 개인기업과 법인기업으로도 구분할 수 있다. 개인기업은 소유와 경영의 분리가 명확히 이루어지지 않아 출자자 개인의 역량에 기업의 성쇠가 의존되는 형태의 기업을 말하는 것으로 주로 민간자본만으로 형성하는 사유기업을 뜻한다. 반면 법인기업은 법적으로 또는 실질적으로 명백히 기업의 소유주로부터 독립하여 활동하는 실체를 말하는 것으로 모든 민간법인기업과 공법인이 포함된다.

상법상 법인의 종류에는 합명회사, 합자회사, 유한회사, 주식회사의 4가지가 있다. 이러한 기업들은 각각 장단점을 가지고 있으므로 창업 시 어떤 형태로 기업을 운영할 것인가를 판단하여 결정하여야 한다. 개인기업의 경우 법인기업에 비해 창업의 절차가 간단하며 이윤의 전부를 기업주가 독점할 수 있다. 반면, 법인기업은 자본조달이 개인기업보다 유리하며 출자금액의 한도 내에서 법적 책임을 지기 때문에 만약 회사가 부도가 나더라도 안정성에 있어서 개인기업보다 유리하다. 합명회사, 합자회사, 유한회사, 주식회사에 대해서는 다음과 같이 세부적으로 살펴보자.

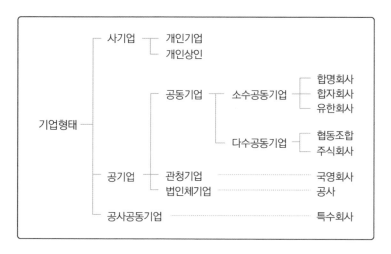

그림 6-2. 창업기업의 설립형태

1) 개인기업

- 출자자와 경영자가 동일인이고, 개인이 기업의 위험에 대해 절대무한의 책임을 지는 형태를 의미한다. 즉, 혼자서 기업자본의 전부를 출자하는 동시에 자본에 대한 위험도 혼자서 부담한다. 따라서 이익이 발생하면 그 이익의 전부가 개인기업주 한사람의 소유가 되어 자본금이 증가되고 손실이 발생하면 그만큼의 자본금이 직접 감소한다. 소규모 기업경영에 적당한 형태이며, 최근에는 기업이 많이 생성되고 거대자본과 특수한 관리능력이 요구되면서 개인기업의 중요성이 상대적으로 감소하고 있다. 원칙적으로 개인기업의 경우 출자와 경영 및 지배가 일치한다.

2) 합명회사

- 인적회사의 대표적 기업인 합명회사의 특징은 2인 이상의 무

한 책임사원만으로 설립되고 각 사원들 모두 업무를 집행하고 회사를 대표하므로 대개 친척 또는 친구 등 신뢰관계가 있는 소수에 의해 조직되는 일이 많다.

- 합명회사의 설립절차는 정관의 작성에서 시작하여 설립등기로써 완료한다. 주식회사나 유한회사와는 달리 출자의무의 이행은 회사설립의 요건이 아니다. 즉, 합명회사를 설립하고자 한다면 사원이 되고자 하는 2인 이상이 정관을 작성하여야 하며, 정관에는 법정 기재사항을 기재하여야 한다. 정관이 작성된 뒤에 설립등기를 함으로써 합명회사는 설립된다. 무한책임사원만으로 구성되는 합명회사는 회사의 재산으로서 회사 채무를 완제할 수 없을 때, 각 사원이 연대하여 변제해야 한다.

3) 합자회사

- 합명회사의 결점을 개선한 합자회사의 특징은 첫째, 최소한 1인의 무한책임사원과 최소한 1인의 자본출자를 하는 사원으로 구성된 회사이다. 그 특징은 유한책임사원의 참가로 자본을 증가시킬 수 있으며 경영활동에는 무한책임사원만이 참가한다. 둘째, 유한책임사원의 참가는 금융기관으로부터의 신용인수보다 유리하다. 영업성적이 나쁠 때에는 은행이자가 높아지나 유한책임사원은 오히려 손실을 부담하게 되어 회사로서는 유리하다. 셋째, 무한책임사원의 지분은 전사원의 동의 없이 양도할 수 없으며, 유한책임사원의 지분은 무한책임사원 전원의 동의로 양도할 수 있으나 주식과 같은 융통성이 없으므로 신용할 수 있는 사람끼리 모여 소규모의 경영을 하는데 적합한 형태이다. 합자회사의 설립절차는 무한책임사원이 될

자와 유한책임사원이 될 자의 각 1인 이상이 정관을 작성하여 설립등기를 함으로써 이루어진다. 등기의 공고에는 유한책임사원의 수와 출자총액을 기재하면 된다.

4) 유한회사

- 유한회사의 특징은 첫째, 사원 50인 이내의 유한책임사원만으로 구성되는 소규모회사이다. 이는 합명회사와 주식회사의 장점을 감안한 형태로 경영에 직접 적극적으로 참여하면서도 책임의 유한성이라는 이점을 갖추어 보자는 뜻에서 발달한 기업형태이다. 둘째, 지분에 대해 주권을 발행하지 않는다. 셋째, 지분의 양도에는 사원총회의 결의를 필요로 하기 때문에 자유처분이 불가능하다. 넷째, 설립, 개업, 공시 등의 절차가 주식회사와 같이 복잡하지 않다. 즉, 복잡한 법적 절차를 피하기 위한 주식회사의 축소형으로 자본회사의 성격을 취하면서 인적회사의 성격이 강한 기업 형태이다.

5) 주식회사

- 주식회사는 다수공동기업의 형태에 속하는 기업으로 영리를 목적으로 하는 두 사람 이상의 집합체로서 법인격을 갖는 조직체이다. 주식회사제도는 자본과 소유의 분리, 주주의 유한책임, 대리경영에 의한 이사제도, 자본의 증권화 등으로 오늘날 개별경제로서 기업의 가장 발전된 형태이다.

- 주식회사는 주식으로 세분되는 자본을 기초로 하여 설립되고 운영되는 대표적인 법인으로서 여러 사람으로부터 자본을 모으는 데 가장 편리한 기업형태이다. 자본금을 균등한 주식으

로 분할하여 출자자, 즉 주주는 주식의 인수가액을 한도로 출자의무를 부담할 뿐, 회사의 채무에 대하여 아무런 책임을 지지 않고 회사재산만이 책임을 지는 회사를 말한다. 주식은 유가증권의 형태를 취하여 양도가 자유롭고 주주는 유한책임을 지기 때문에 자본조달이 용이해진다.

PART 3

창업운영단계

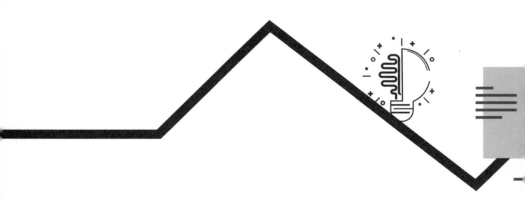

CHAPTER 7

창업기업의 인적자원관리

CHAPTER 7
창업기업의 인적자원관리

제1절 인적자원관리의 개념

1. 인적자원관리의 의의

인적자원관리HRM(Human Resource Management)란 조직과 구성원들의 목표를 동시에 만족시키기 위해서 인적자원을 효과적·효율적으로 관리하기 위한 기능으로 정의될 수 있다. 즉 조직목표를 달성하는데 기여할 수 있는 구성원들의 잠재적 능력을 조직의 전략적 자산이 될 수 있도록 육성, 개발함과 동시에 그러한 전략적 자산이 조직의 전략적 목표를 달성하는데 기여하도록 체계적으로 운영하기 위한 과학적 관리 활동 등을 의미한다.

기업과 가장 밀접한 관련이 있는 개인과 사회의 입장에서 왜 인적 자원관리가 중요한가를 살펴보면, 오늘날 개인들은 자기생활 대부분의 시간을 직장에서 보내게 된다. 이러한 이유에서 직장은 단순히 경제적 측면에서 부富를 획득하는 장소일 뿐만 아니라, 사회적 네트워크 형성, 다양한 사회적 활동, 그리고 궁극적으로 자기가치 실현의 장場이 되고 있다. 이런 점에서 기업이 어떻게 인적자원을 관리하는가 하는 것은 기업의 목표달성 뿐만 아니라 이에 참여하고 있는 구성원들의 개인적인 삶의 질과 인생목적에 큰 영향을 미치게 된다.

또한 조직의 입장에서 인적자원은 조직의 중요한 자산이 됨은 물론 기업경쟁과 관련한 비교우위에 결정적인 역할을 하는 중요한 전략자원이 된다. 기업이 어떻게 이 중요한 인적자원을 잘 확보하며, 효율적인 활용과 유지·보상·개발하는가는 기업성과와 기업생존에 직결되는 문제가 된다. 또한, 종업원들이 자신이 가진 능력과 열정을 조직 전체의 목표와 통합시키도록 하는 활동은 반드시 필요하지만 실제로는 가장 어려운 활동 중의 하나이다.

2. 인적자원관리의 영역

오늘날 급변하는 환경에 대응하기 위해 기업은 과거 어느 때보다도 높은 수준의 인간의 두뇌와 기능, 그리고 의욕을 필요로 하고 있다는 점에서 인적자원관리의 중요성은 아무리 강조해도 지나침이 없는 상황이다. 따라서 인적자원관리는 인적자원의 확보, 활용, 개발의 영역으로 크게 나눌 수 있으며, 주요기능으로는 인적자원계획, 인적자원의 확보와 활용, 직무설계와 분석, 인적자원개발과 조직개발, 노사관리 등이 있다.

- 인적자원계획은 조직의 전략과 목표달성에 필요한 인력 수급 계획 등을 수립하는 것이다.

- 인적자원의 확보와 활용은 인사평가, 보상관리, 후생복지, 인사이동, 그리고 직장의 안전 및 보건관리 등의 기능을 포함한다.

- 직무설계와 분석은 조직구조를 구성하는 직무를 설계하여 직무체계를 형성하고, 각 직무를 세부분석하여 과업내용과 직무를 설정하는 기능이다.

- 인적자원개발과 조직개발은 인적자원의 능력개발을 위한 교육훈련, 경력계획 그리고 조직의 효율성을 높이기 위한 조직진단과 조직개발 등의 기능을 포함한다.

- 노사관리는 노사 간의 단체교섭과 교섭사항의 실천, 그리고 노동자의 고충처리 등을 포함한다.

제2절 창업기업의 직원채용

1. 채용기준

창업팀에 대한 역량과 창업하고자 하는 창업아이템 및 관련 업종의 특성에 대한 분석결과를 비교하여 필요한 업무에 대하여 우선 창업팀이 감당할 수 없는 것이 무엇인가를 파악하여야 한다. 만약, 창업팀이 사업Business에 필요한 개인 능력과 특징을 갖추고 있지 못하면 그러한 재능을 갖춘 인력을 확보해야 한다. 만약 창업자가 할 수 없는 업무가 있으면 문제를 해결하기 위하여 구체적으로 어떤 기술과 노하우know how를 갖춘 인적자원이 필요한가를 검토해야 한다. 그리고 파악한 기술과 노하우, 인적자원의 채용시기, 빈도 등을 측정하여 전일제 또는 시간제의 상근인력을 확보하여야 한다.

법률·세무 문제처럼 반복적이고 일상적인 것이 아닌 중요한 문제에 대한 기술에 대해서는 외부전문가나 협력업체를 확보해서 업무를 의뢰하는 것이 비용적인 측면에서 저렴한 경우가 많다. 하지만, 창업기업에 핵심기술을 확보하기 위해서는 반드시 상근인력을 채용해야 한다.

특히 기술창업의 경우 창의적이고 뛰어난 실력을 갖춘 유능한 직원이 기업을 발전시키고, 서비스업의 경우 친절한 직원이 기업이 성장하는데 있어서 매우 중요한 역할을 한다고 해도 과언은 아니다. 이에 창업자는 다음과 같은 기준에 근거하여 직원을 채용해야 한다.

1) 업무수행 능력

채용하는 직원은 업무를 즉시에 수행할 수 있는 사람이어야 한다. 그러기 위해서는 먼저 채용하는 직원에게 맡겨질 업무가 무엇인지 확실히 파악을 하고 있어야 한다. 그리고 책임자 또는 중간관리자들은 필요한 인력의 자격요건을 정확히 파악하여야 한다.

2) 조화력

채용하는 직원은 동료들과 화합할 수 있는 사람이어야 한다. 아무리 능력이 뛰어나도 창업팀의 가치관이나 기업문화에 적응하지 못하면 주어진 업무를 원만히 처리하기 힘들어 진다. 특히 창업기업의 경우 기업 내의 전통이 확립되지 않은 상태인데 다양한 배경을 가진 사람들이 비교적 짧은 기간 동안에 함께 근무하게 되면서 여러 가지 문제가 발생할 수도 있다.

3) 발전가능성

채용하는 직원은 자신의 역량과 관련하여 발전가능성이 있는 사람이어야 한다. 즉, 시간이 경과하면서 업무역량이 향상될 수 있는 사람이어야 한다. 그러기 위해서는 오랫동안 근무할 수 있는 사람을 채용하여야만 기업측면에서도 긍정적이고 직원 입장에서도 도움이 된다고 할 수 있다. 채용된 직원에게 업무를 익히게 하려면 많은 시간과 비용이 투자되기 때문이다.

2. 채용방법

1) 구직광고

구직광고는 구직자가 정보를 접할 수 있는 곳에 광고를 내어서 직원을 채용하는 방법이다. 광고를 통한 채용은 여러 가지 매체가 있으므로 비용이 저렴하고 효과적인 방법을 선택하면 된다.

2) 교육·훈련기관

고등학교, 전문대학, 대학교, 사설학원, 직업훈련원 등을 통하여 모집하는 방법이다. 즉, 학교나 직업훈련기관이나 구직 전문기관을 통하여 구인을 의뢰하여 적합한 사람을 선발한다. 비교적 공신력을 가지며 전문성을 검증할 수 있는 방법으로써 많이 활용되는 방법이다.

제3절 창업기업의 교육훈련

1. 교육훈련의 개념

기업에서 필요한 인력을 확보하기 위한 채용관리가 인적자원관리 활동의 시작이라고 한다면, 채용된 종업원이 조직문화나 기업환경에 빨리 적응하고 보다 나은 지식이나 기술을 습득하여 그들의 능력을 최대한 발휘할 수 있도록 하는 과정이 교육훈련이라고 할 수 있다.

기업에서 인적자원관리란 참 중요하다고 할 수 있다. 그러나 최상의 인적자원을 확보했다고 해서 다 성공하는 것은 아니다. 이를 얼마나 교육을 시키며, 또한 기업에 기여할 수 있도록 교육을 시키는 것이 더욱 중요하다고 볼 수 있을 것이다.

따라서 교육훈련은 기업에서 근로자의 역량을 개발하고 직무에 대한 적응성을 높일 수 있도록 조직적·체계적으로 유도하여야 한다. 그리고 교육훈련은 두 가지의 중요한 이유 때문에 필요한데, 첫째는 채용된 종업원이 직무상 필요로 하는 지식이나 기술을 습득하게 하기 위한 것이고, 둘째는 기업의 내·외부 환경변화에 기존 종업원의 추가적인 지식이나 기술을 습득하게 하기 위한 것이다.

표 7-1. 교육·훈련·개발의 구분

구분	교육(education)	훈련(training)	개발(development)
추구 목표	• 인간으로서 역할 습득과 지식함양에 치중 • 개인목표 강조 • 정신적·보편적·장기적 목표추구	• 특정기업의 특정 직무 수행을 위한 기능습득에 치중 • 조직목표 강조 • 육체적·구체적·단기적 목표추구	• 경영능력 개발에 목표 • 개인과 조직 동시 성장 • 인격적·창의적·자발적 • 장단기적 목표추구
기대 결과	• 보편적 지식학습을 통한 다양한 결과 기대	• 특정의 제한된 행동 결과 기대	• 조직변화와 성장에 조화된 능력개발
사용 수단	• 이론 중심의 지식 전달	• 실무 중심의 기능 연마	• 참여중심의 문제해결력과 판단력
주체	• 정규교육기관	• 기업 혹은 연수원	• 정규교육기관 및 기업

2. 교육훈련의 목적

교육훈련의 목적은 기업에 소속된 모든 종업원들의 지식·기술·태도를 향상시킴으로써 기업을 유지·발전시키는 데 있다. 즉, 기업의 교육훈련은 기업의 목표를 달성하기 위한 수단으로써 필요하며, 장래에 예상되는 높은 수준의 업무수행이 가능하도록 종업원들의 자질과 능력을 개발하는 수단으로써 필요하며, 미래의 기업을 경영할 유능한 후계자를 양성함에 그 목적이 있다.

또한, 교육훈련으로 인하여 종업원들은 성과와 관련된 자기역량을 개발할 수 있을 뿐만 아니라 고용 안정성에 대한 효과도 향상된다. 그리고 기업의 장기적 소속을 위한 충성심도 가지게 된다.

표 7-2. 교육·훈련의 목적

1차적 목적	2차적 목적	최종 목적
지식향상	능률향상	기업의 유지발전, 조직목적과 개인목적의 통합
기능향상	인재육성	
태도개선	인간완성	

3. 교육훈련의 방법

인적자원 개발을 위한 교육훈련 방법은 일반적으로 그 목적에 따라 지식습득을 위한 방법과 태도변화를 위한 방법으로 나누어진다.

지식습득을 위한 방법에는 강의, 프로그램 학습, 회의, 토의 등과 같은 방법이 있다. 그리고 기술습득을 위한 교육훈련 방법에는 대표적으로 비즈니스게임, 역할연기, OJT, OFF-JT 등이 있다.

- 비즈니스게임은 전형적으로 참가자들을 5-6명으로 구성된 몇 개의 소집단으로 나누어, 집단별 매출액이나 이윤극대화와 같은 목표를 부여하여, 각 집단은 그런 목표를 달성하기 위해 제품선택, 재고량, 광고비지출 등 여러 경영의사결정을 내리는 것을 훈련한다.

- 역할연기는 일정한 상황을 설정하고 참가자들로 하여금 서로 다른 역할을 실제로 연기해봄으로서 당면한 문제를 체험하도록 설계된 교육훈련 방법이다.

- OJT^{on the job training}는 작업현장에서 부서 선배에게 도제식으로 기술을 배우는 것을 의미하고, OFF−JT^{off the job training}는 교육^{인사}팀 주관의 집체교육을 의미한다. OFF−JT의 경우 조직 내 양성소나 연수원 등과 같은 특정 교육훈련시설이나 전문교육훈련기관에 위탁해서 수행하는 경우도 많다.

제4절 창업기업의 평가보상·유지관리·퇴직

1. 평가

평가는 종업원들이 조직목표달성에 얼마나 기여하고 있는지를 평가하는 기능으로, 종업원들의 보상과 동기부여 그리고 교육훈련과 연계되어 조직을 활성화 시키는데 가장 중요한 인적자원관리 시스템으로 인식되고 있다. 이는 평가가 노동력의 확보, 개발, 임금결정, 유지 등 인적자원관리의 전반에 걸쳐 양질의 의사결정을 하는데 유용한 정보를 제공하기 때문이기도 하다.

평가의 목적은 첫째, 종업원들의 업무수행을 조직의 전략목표와 연결시켜 종업원의 기업성과를 도출해내는 것이다. 둘째, 평가는 종업원들의 직무 실행과정을 점검하고 문제점의 근본적인 원인에 대한 해결책을 찾는 것이다. 셋째, 평가는 종업원들의 역량과 성과를 정기적으로 파악하여, 승급, 승진, 징계 등을 합리적으로 집행한다. 끝으로, 평가는 종업원들의 역량과 성과가 어떻게 개선되고 있으며 조직의 기대치에 얼마나 가까워지고 있는지를 종업원들에게 피드백 해준다.

이러한 창업기업의 평가는 두 가지로 구분할 수 있는데, 크게 역량평가와 성과평가로 구분할 수 있다. 역량평가는 종업원의 잠재성을 평가하는 것이며, 성과평가는 종업원의 실적을 평가하는 것이다. 창업기업의 신입사원의 경우에는 역량평가를 보다 중요시할 필요가 있으며, 관리자의 경우에는 성과평가를 보다 중요시할 필요가 있을 것이다. 창업기업은 이러한 역량평가와 성과평가를 전략적으로 혼합해서 활용해야 한다.

2. 보상

보상이란 기업을 위해 과업을 수행한 성과에 대하여 기업이 종업원에게 제공하는 일체의 대가이다.

보상은 종업원들의 동기부여를 위해 필수적이다.

창업기업의 보상은 크게 두 가지로 구분할 수 있는데, 비재무적 보상과 재무적 보상으로 구분할 수 있다. 대표적인 비재무적 보상에는 승진이 있으며, 재무적 보상에는 성과급이 있다. 창업기업은 경쟁사와 차별화되는 보상프로그램 설계가 필수적이며, 이러한 차별화된 보상프로그램 설계시 창업기업이 소속한 산업이나 해당 기업의 특성과 연계하면 좋다.

3. 유지관리

노동3권은 헌법에서 보장해주고 있는 노동자의 기본권이다. 노동3권이란 단결권, 단체교섭권, 단체행동권을 의미한다. 단결권이란 노동자들이 자율적으로 노동조합을 설립 또는 가입할 수 있는 권리이며, 단체교섭권이란 노동자들의 집단인 노동조합이 사용자^{또는 사용자집단}와 대등한 입장에서 교섭^{협상}할 수 있는 권리이며, 단체행동이란 정당한 단체교섭이 결렬이 될 경우 법적 절차를 통해 단체행동을 실행할 수 있는 권리를 의미한다. 창업기업의 경우에도 종업원들의 노동3권을 당연히 보장해주어야 한다.

그리고, 노동조합은 노동자들의 집단으로써 사용자^{또는 사용자집단}와 대등한 입장에서 교섭^{협상}할 수 있는 주체이다. 노동조합과의 협력적 노사관계^{고용관계}는 기업성과에 긍정적인 영향을 주는 것으로 알려져 있다. 다만, 최근 화이트칼라, 신세대, 여성, 서비스업 근로자들의 증가로 인하여 국내 노동조합가입률이 10% 수준에서 머무르고 있으며, 집단적 노동분쟁보다는 개별적 노동분쟁이 보다 중요시 되고 있다.

4. 퇴직

종업원들의 기업평균 재직기간이 과거에 비해 짧아짐에 따라 창업기업은 퇴직전 전직 또는 창업지원프로그램을 적극 운영해야 할 것이다. 창업기업의 종업원은 퇴직 후 우리 회사의 간접적 홍보대사의 역할을 하기 때문에 퇴직시까지 최선을 다해 지원해 주어야 함은 마땅하다. 예를 들어, 외식창업 과정, 공인중개사 과정, 프랜차이저 과정 등 다양한 전직/창업지원 프로그램 개발이 필요하다.

CHAPTER 8

창업기업의 마케팅관리

CHAPTER 8
창업기업의 마케팅관리

⌐제1절 제품개발

마케팅을 단순하게 정의하면 제품이나 서비스를 소비자에게 이전하는 활동을 말한다. 마케팅 목적을 달성하기 위해서는 소비자의 욕구를 면밀히 분석하고 가장 적절한 방법으로 소비자에게 제품을 구매하도록 호소하는 모든 활동을 마케팅이라고 한다.

특히, 창업기업의 마케팅Marketing이란 개인이나 조직의 목표를 달성시키는 교환을 창출하기 위하여 제품이나 서비스의 개발Product, 가격책정Price, 유통Place, 촉진Promotion 등을 계획하고 실행하는 활동인데[1], 이러한 마케팅개념은 유형의 제품뿐만 아니라 무형의 서비스에도 적용가능하다. 이러한 마케팅의 4가지 요소를 마케팅믹스4P Mix라고 한다.

창업기업이 안정적으로 성공하기 위해서는 시장성, 기술력, 경영능력 등도 뛰어나야 하지만, 무엇보다도 판매와 관련된 마케팅 역량이 매우 중요하다. 그럼에도 불구하고 창업초기부터 실제 마케팅 역량을 구축하여 차별화된 마케팅 전략을 실행하고 있는 창업기업은 극소수다.

---

1 1985년 미국마케팅학회(AMA) 정의; 변상우·허갑수·배호영, 『21세기를 선도하기 위한 경영학의 이해』, 피앤씨미디어, 2017, pp.298(재인용).

우선 네 가지 마케팅믹스^{4P Mix} 가운데 첫 번째 요소인 제품개발에 대하여 상세히 살펴보자.

1. 제품개발

제품개발은 완전히 새로운 제품을 시장에 출시하거나, 기존제품에 약간의 변화를 가져오는 제품개선 등을 의미한다. 특히 기존제품은 시장수요, 기술향상, 원자재의 비용변동, 안전성, 친환경 등을 반영하기 위하여 재설계를 필요로 한다.

오늘날 급변하는 경쟁환경에서 많은 기업들은 원가, 품질, 고객만족, 경쟁우위 등 많은 측면에서 혁신^{innovation}을 수행하기 위해 노력하고 있다. 그러나 지속적인 성장을 위해서는 제품개발을 통한 신규고객 확보나 신규사업 창출 역시 간과할 수 없는 과제이다. 또한, 급변하는 경쟁환경에서 제품개발은 경쟁전략의 핵심 무기이다. 이에, 고객의 기대와 필요를 충족시키는 제품으로 시장에 빠르고 효율적으로 대응하는 창업기업만이 창업성공을 차지할 수 있을 것이다.

2. 제품유형

과거에는 제품을 제조업자의 관점에서 바라보는 경향이 많았으나 현재에는 소비자의 관점에서 바라보아야 한다. 즉, 제품을 소비자의 관점에서 단순한 물리적 속성 이상으로 넓게 정의내려야 한다. 그 결과, 이러한 제품은 핵심제품, 유형제품, 확장제품으로 설명될 수 있다.

첫째, 핵심제품^{core product}이란 제품을 이루는 본질적 가치를 말한다. 핵심제품은 제품이 소비자에게 줄 수 있는 본원적·근원적 가치이다. 즉, 소비자가 제품으로부터 기대하는 가장 핵심적 가치 또는 직접적인 편익이 바로 핵심제품의 개념이다.

예를 들어, 주택의 핵심적 가치는 안락한 주거에 있다. 자동차는 안전한 운행이 가장 핵심적인 가치일 것이며, 식당은 아무리 인테리어를 잘 해 놓았다 하더라도 음식 맛이 없다면, 식당으로서의 가치를 잃게 될 것이다.

둘째, 유형제품^{tangible product}이란 제품을 이루는 물질적·재료적·품질적·기능적 속성을 말한다. 이것은 제품의 가치를 말하도록 하는 기능적 역할을 하는 것을 말한다. 또한, 이것은 소비자가 제품으로부터 편익을 얻을 수 있도록 제품을 구체적·물리적 속성으로 유형화시킨 것을 말한다.

예를 들어, 안락한 주택이 되려면 좋은 재료를 사용해야 할 것이며, 환기가 잘 되고, 건강에 좋아야 할 것이다. 안전한 자동차가 되려면 품질도 우수하고 기능도 뛰어나야 할 것이다. 맛있는 음식이 되려면 좋은 재료에 숙련된 솜씨가 필요할 것이다.

셋째, 확장제품^{augmented product}이란, 제품에 대해 부가적 속성을 첨가해 제품경쟁력을 강화하는 것을 말한다. 오늘날과 같이 치열한 서비스 경쟁시대에서 창업기업은 경쟁 제품보다 뛰어난 서비스의 차별화를 추구해야 한다.

예를 들어, 자동차 및 전자 제품의 무상 보증 기간, 애프터서비스, 유통업체의 배달서비스 등 기존의 제품에 각종 서비스가 부가된다. 이러한 확장제품은 광의적 제품 개념이며, 현대의 창업기업이 추구하는 현대적 제품개념이라 할 수 있다.

종합해보면, 창업기업은 이러한 제품유형을 면밀히 검토 후 제품개발을 추진해야 성공가능성이 높아질 것이다.

그림 8-1. 제품유형

제2절 가격책정

1. 가격결정의 요소

전통적 관리회계 측면에서 볼 때 가격결정에 영향을 미치는 요인으로는 생산원가만을 중시하는 경향이 있었으나, 실제로는 매우 다양한 환경적 요인과 정책적 요인 등이 있다. 이러한 요인들을 요약해 보면 소비자의 기대치, 경쟁사의 가격, 제품의 원가 등 3가지로 크게 구분할 수 있다.

이밖에 정치적·법적 문제 등을 들 수 있으나 대체로 3가지로 요약된다. 먼저 소비자의 기대치 측면에서 볼 때, 경영자는 소비자가 자사의 제품을 구매할 수 있도록 가격을 설정하여야 할 것이며, 지속적으로 수요형태를 조사하여 그에 부합하는 적절한 가격전략을 구사하여야 할 것이다.

두 번째 요인인 경쟁사의 가격 측면에서 볼 때, 모든 기업은 독점시장을 가지기를 원하지만 현실은 그렇지 않다. 이 요인은 제품시장의 형태가 어떠한가와 직접적으로 관련된 요인으로써 시장형태에 따라 경쟁기업의 반응을 고려하는 정도가 달라질 것이다. 특히 대부분의 기업은 완전경쟁시장이나 독점시장이 아닌 불완전경쟁시장에서 경영활동을 하고 있기 때문에 경쟁사의 가격을 고려한 의사결정이 중요시된다.

세 번째 요인인 제품의 원가 측면에서 볼 때, 이 요인은 기업이 제품을 생산하는데 따른 비용으로서 가격수준이 제품원가 이상이 되어야 기업이 유지되므로 최소가격수준을 설정하는 기준이라 할 수 있다.

위와 같이 가격결정요인에는 크게 3가지를 들 수 있으나 이들은 상호작용하는 경향이 있으므로 하나의 요인만을 고려하여 가격을 결정하기보다 이 요인들의 상호작용을 충분히 고려하여 가격을 결정하는 것이 바람직할 것이다.

이와 더불어, 가격결정을 할 경우 창업기업의 전략을 반드시 고려하여야 한다. 창업기업의 전략을 충분히 반영하고 가격결정요인을 고려한 가격전략의 수립이 경영자에게 효과적인 관리회계정보를 제공해 줄 수 있다.

2. 가격전략

1) 신제품 가격전략

신제품이 시장에 출시될 때의 가격전략으로는 초기고가 가격전략market skimming strategy과 시장침투 가격전략market penetrating Strategy등 크게 두 가지 정책이 있다.

- 초기고가 가격전략 : 초기고가 가격전략은 초기가격책정을 매우 높게 책정하고 시간이 지남에 따라 가격을 점차 낮추는 전략이다. 예를 들면 겨울철에 유행하던 동물가죽 소재로 만들어진 무스탕 같은 제품이 사용하던 가격전략이다. 제품이 처음 시장에 시판되어 나왔을 때 수백만 원이나 하다가 최근 들어서 초기시판가격과 비교가 안 될 정도로 하락한 몇 십만 원에 판매가격이 책정되는 경우이다. 이러한 전략은 가격이 비싸도 그 제품을 꼭 구입하고자 하는 충성고객이 많이 형성되어 있고, 경쟁사의 시장침투가 쉽지 않아 당분간 가격경쟁을 회피할 수 있을 경우에 성공할 가능성이 높다.

- 시장침투 가격전략 : 시장침투 가격전략은 초기에 매우 낮은 가격을 책정하고 나서 시간이 지남에 따라 가격을 높게 책정하는 정책으로 초기고가 가격전략에 반대되는 개념의 전략이다. 시장침투 가격전략의 대표적인 예로는 과거 유한킴벌리에서 초창기에 생산을 시작하여 시제품을 내놓았을 때 화장지에 적용했던 가격전략을 들 수 있다. 그 당시만 하여도 화장지라는 개념이 희박하고, 헌 신문지와 같은 대체품이 집안에 있던 시기였기에 유한킴벌리는 생산된 화장지를 일부의 고객들에게 무상으로 나누어주는 해프닝이 있었다. 이러한 노력의 결과, 고객들을 화장지 문화에 익숙하게 만들어 오늘날 자신들의 가격전략을 구사할 수 있게 만들었다. 이러한 시장침투 가격전략은 구매자들이 가격에 아주 민감하여 낮은 가격이 시장점유율을 증대시키고 자사의 경쟁력을 강화시킬 수 있을 경우에 채택되는 전략이다.

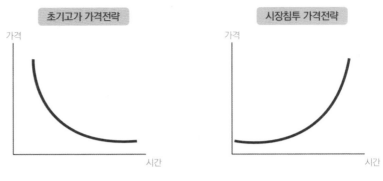

그림 8-2. 신제품가격전략

2) 기존제품 가격전략

기업이 가격정책에 따라 가격을 결정하였다 하더라도 소비자의 특성과 상황변화에 따라 가격을 변경하지 않으면 안 되는 상황이 발생할 수 있다. 이 때에는 기업이 처한 상황에 따라 적절하게 조정되어야 하며, 가격전략은 크게 가격인상 전략과 가격인하 전략이 있다.

- 가격인상 전략 : 다음과 같은 상황이 발생했을 때 기업은 처음에 결정한 가격을 일시적 또는 장기적으로 인상시킬 수가 있다. 먼저 인플레이션이 예상되는 경우나, 제품생산에 필요한 원자재나 임금 인상 등으로 인해 제품원가가 인상됐을 때, 또는 많은 경쟁기업들이 시장에서 철수하여 특정기업이 독점적 지위를 누렸을 때이다. 또한 자사의 기존제품에 새로운 속성을 추가하여 재포지셔닝re-positioning 할 때에 가격인상 전략이 필요하다. 하지만 소비자들은 가격이 조금만 인상되어도 큰 불만을 가지게 되므로, 직접적인 가격인상을 하지 않고 제품의 양을 감소하거나, 포장을 간단하게 바꾸거나, 재료나 성분을 저렴한 것으로 바꾸거나, 제품특성을 제거 또는 감소하거나,

서비스를 축소하는 방법으로 대처하는 것도 방법이 된다.

- 가격인하 전략 : 제품을 가격인하하는 현상은 흔히 볼 수 있다. 가격인하의 이유는 보통 원가의 절감, 경쟁자 증가, 판매침체, 경기침체 등이 있다. 가격인하 전략에 해당하는 할인에는 수량할인, 현금할인, 계절할인 등이 있다.

제3절 유통

1. 유통경로의 개념

유통경로Distribution Channel란 제품이나 서비스가 생산자로부터 사용자에게 이전되는 과정에 참여하는 모든 개인 및 기업의 집합을 의미한다.

오늘날 창업기업 뿐만 아니라 대부분의 기업들은 생산한 제품을 직접 소비자에게 판매하기가 어려운 환경에 있다. 왜냐하면 직접판매 방식은 매우 비능률적이며 실제로 불가능한 경우도 많기 때문이다. 따라서 창업기업은 자사의 제품에 대해서 충분한 지식이 있고 판매능력과 판매조직을 갖춘 중간상intermediaries들을 선택하여 자사제품이 소비자들에게 흘러갈 수 있는 유통경로를 확보하여야 한다.

즉, 유통경로distribution channel에는 언제나 생산자와 소비자, 그리고 이들 양자를 연결해 주는 도매상·소매상·대리점 등과 같은 각종의 중간상들이 관련된다. 이들 중간상들은 도매상이나 소매상과 같이 제품의 소유권을 인수받아 재판매할 때도 있지만, 생산자의 직영점이나 대리점과 같이 소유권은 생산자에게 남겨둔 채 단지 생산자를 위해 판매활동만 대행해주는 경우도 있다.

2. 유통경로의 계열화

전통적인 유통경로는 그것을 구성하고 있는 각 기관들이 서로 독립적으로 자신들만의 이윤극대화를 추구해 가는 경로형태로써, 유통경로 내에 집약된 공통목표가 없고 의사결정과 통제활동이 개별적으로 수행된다.

하지만 최근 창업기업들은 전통적 유통경로 상에서 발생하는 문제점을 해결하고 보다 효율적인 유통경로관리를 위해 이를 계열화하려는 움직임을 많이 보이고 있다. 즉, 유통경로 계열화란 판매망을 전문적이고 일관성 있게 관리할 수 있는 체계를 형성하는 것으로, 이는 크게 수직적 마케팅시스템과 수평적 마케팅시스템으로 나누어진다.

1) 수직적 마케팅시스템

수직적 마케팅시스템Vertical Marketing System : VMS이란 생산자로부터 소비자에게 전달되는 제품의 수직적 유통단계를 집중적으로 계획하고 전문적으로 관리하는 유통망을 말한다. 이는 생산-유통-소비에 이르는 전체의 유통과정에서 독립적인 경로구성원이 수행하는 마케팅활동의 중복을 제거하여 일관성을 도모하고, 유통질서를 확립하여 유통경로 운영상의 경제성을 실현하며, 유통기관들의 유대관계와 충성심을 자극하여 시장에 대한 영향력을 극대화시켜, 시장경쟁력을 강화하는 이점을 가지고 있다.

이러한 수직적 마케팅시스템에는 여러 형태가 있는데, 그 중에서 가장 대표적인 것으로는 프랜차이즈 시스템을 들 수 있다. 프랜차이즈 시스템franchise system이란 사업자 또는 본부franchisor가 다른 사업자 또는 가맹점franchisee과 계약을 체결하고, 자기의 상호, 상표, 경영기법 및 노하우 등을 제공함으로써 동일한 브랜드 아래 상품의 판매나 그 밖의 사업을 행할 수 있는 권리를 부여하는 유통형태이다. 즉, 가맹점은 본부에 가입비, 로열티 등을 지불하고, 사업에 필요한 자본을 투입해서 본부의 지도 및 지원 아래 판매활동을 수행하게 된다.

2) 수평적 마케팅시스템

수평적 마케팅시스템Horizontal Markering System : HMS이란 제품의 유통이 유사하거나 동일한 단계에 있는 기업들이 일시적 또는 영구적으로 자본, 경영지식, 생산, 마케팅활동 등을 공동으로 계획·집행하는 시스템을 말한다. 이는 참여기업들이 서로 호혜적 관계를 누리면서 시장수요의 급변, 기술혁신, 경쟁의 심화 등과 같은 문제를 해소시킴으로써 시장기회를 증대시키기 위한 것이 주목적이지만, 각 당사자들 사이에 이해관계가 상충되는 경우가 많기 때문에 효과적인 통제활동이 어렵게 된다. 따라서 유통경로 계열화는 수평적 계열화보다는 수직적 계열화를 의미하는 경우가 일반적이다.

제4절 촉진

1. 촉진의 개념

촉진promotion은 현재의 고객 또는 잠재고객에게 창업기업의 제품이나 서비스에 대한 시장정보를 제공하고 설득하는 것과 관련된 마케팅 노력의 일체를 말한다. 이러한 촉진활동은 일반적으로 세 단계를 거치게 되는데, 우선 소비자에게 제품이나 서비스에 대한 정보를 제공해서 소비자가 창업기업의 제품이나 서비스에 대해 알게 하는 '인지 과정'과, 소비자들이 알게 된 제품이나 서비스에 대해서 호의적인 감정을 갖게 하는 '태도형성 과정', 그리고 마지막으로 제품이나 서비스의 구매를 유도하는 '행동 과정'으로 구분할 수 있다.

촉진의 수단에는 일반적으로 광고, 인적판매, PR 등이 있다. 이러한 촉진수단은 기업의 마케팅목표를 달성하기 위하여 독립적으로 사용되기보다는 상호보완적으로 사용되어야 하기 때문에 촉진믹스promotionnal mix라고도 한다. 촉진믹스를 통해 창업기업은 제품이나 서비스의 정보 제공은 물론, 창업기업의 이미지나 브랜드에 대한 이미지를 형성하기 위해 촉진 활동을 효과적으로 전개해야 한다.

1) 광고

광고advertising는 메시지를 전달하는 창업기업이 비용을 내고 비인적 매체를 이용하여 청중들에게 제품이나 서비스 등에 대한 정보를 제공하여 구매할 수 있도록 영향을 주거나 설득하고자 하는 촉진수단이다. 이러한 광고에서 주로 이용되는 매체로는 TV, 라디오, 신문, 잡지, 인터넷, 다이렉트 메일, 옥외 게시판, 전화번호부 등이 있으며, 이들 매체를 이용한 광고는 짧은 시간에 많은 사람들에게 정보를 전달할 수 있다는 특성 때문에 창업기업들이 많이 선호하는 촉진수단들이다.

2) 인적판매

인적판매Personal selling는 판매원이 직접 직장이나 가정으로 방문하여 판매활동을 하는 촉진수단을 의미한다. 이러한 인적판매는 다른 촉진수단과는 달리 직접 소비자들과 대면하는 특징이 있다. 인적판매 과정을 살펴보면 잠재고객 예측, 사전준비, 접근, 제품소개, 의견조정, 구매권유, 사후관리 등으로 이루어져 있다.

3) PR

PRpublic relation은 기업이 고객 및 자사와 직·간접적으로 관련이 있는 여러 집단들의 관심사를 파악하고 이들과 좋은 관계를 구축하고 유지함으로써, 자사의 이미지를 높이고 궁극적으로는 제품의 구매를 촉진하는 촉진수단을 말한다. 이러한 PR은 홍보활동 이외에도 기업의 언론 활동, 대외적인 커뮤니케이션 활동, 기업규제 철폐에 관한 합법적인 설득 활동 등을 포함한다.

CHAPTER 9

창업기업의 재무관리

CHAPTER 9

창업기업의 재무관리

제1절 재무관리의 개념

창업기업의 재무관리란 자금의 흐름과 관련된 활동을 의미한다. 즉, 창업기업의 재무관리는 최초 창업아이디어의 생성, 기회의 포착, 창업성공에 이르기까지 모든 단계의 재무문제를 다룬다. 특히 창업기업의 경우, 비록 좋은 창업아이디어가 있다고 하더라도 그것이 시장에서 평가되고 성장하기 위해서는 건전한 재무관리가 필수적이다.

창업기업은 사업을 위해 필요한 자금을 조달하여 사업의 가치를 증가시키는 것이 목적이다. 아래의 사례를 보자. "지난 20년 동안 당신의 유선방송회사는 재산의 확장과 기업인수를 통해 고도 성장을 거듭해왔다. 기업의 순 자산가치는 2,500만 달러에 이르렀다. 이후 10년 동안 케이블 산업에서 높은 레버리지leverage에 의해 기업 확장을 계속하였으며, 기업의 가치는 급상승을 했다. 10년 후 기업의 시장가치는 5억 달러에 진입했다. 당신은 3억 달러의 부채를 가지고 있으며, 기업을 100% 소유하고 있다. 그러나 불과 2년 후에 2억 달러의 순 자산가치는 0으로 떨어졌다. 이제 당신은 매우 지쳐있고 생존을 위한 어려운 구조조정에 직면하게 되었으며, 개인파산의 가능성을 부담하게 되었다. 어떻게 이런 일이 일어날 수 있었을까? 당신은 이 기업을 회생시킬 수 있을까?"

우리에게는 이런 상황이 발생하지 않을까? 위의 사례는 실제 발생했던 일이며, 풍부한 재무적 지식을 갖춘 성공적인 창업자들이 경영했던 기업이었다. 이 문제점은 근시안적인 재무관리financial management myopia에서 비롯되었다는 것이다. 위의 사례에서 우리는 기업경영에서 재무관리의 중요성을 확인할 수 있다.

이에 창업자는 창업기업 내의 재무관리에 초점을 두어야 한다. 창업기업의 대부분은 이미 설립했지만, 아직 신생기업young firms으로 볼 수 있다. 창업기업의 재무관리는 창업아이디어의 발굴, 기회의 포착, 창업성공에 이르기까지 모든 단계의 재무적인 문제를 다룬다.

특히, 투자결정과 자본조달결정에 많은 노력과 재원을 투자해야 한다. 왜냐하면 재무관리의 실패는 창업기업 재무상태 악화로 이어지고 나아가 도산으로 이어질 수 있기 때문에, 효과적이고 효율적인 재무관리가 기업의 경영활동에 있어 매우 중요하다.

제2절 재무관리의 기능

창업재무관리의 기능은 창업기회를 평가하여 투자여부를 결정하는 투자결정investment decision과 투자를 위한 자금을 조달하는 자금조달결정 financing decision기능으로 나눌 수 있다.

1. 투자결정 (investment decision)

투자결정은 기업이 어떤 자산에 얼마만큼 투자할 것인가에 대한 의사결정으로써, 투자결정은 기업의 수익과 위험에 큰 영향을 미치게 되므로 매우 중요하다. 특히 잘못된 투자는 기업을 도산시킬 수도 있어 투자결정은 매우 중요하다.

즉, 창업기업의 성패는 그 기업의 투자결정에 달려 있다고 할 수 있다. 특히, 창업기업의 투자결정은 자본예산과 관련된다. 자본예산 capital budgeting이란 투자의 총괄적 계획과 평가를 뜻한다.

또한, 각 투자안의 경제성 분석을 위하여 사용하는 투자결정기법에는 크게 전통적인 분석기법과 현금흐름할인법discounter cash flow method; DCF이 있다. 세부적으로 살펴보면, 전통적 분석기법에는 화폐의 시간적 가치를 고려하지 않는 회수기간법과 회계적이익률법이 있으며, 현금흐름할인법에는 내부수익률법과 순현가법이 있다.

- 회수기간법Payback period method은 각 투자안들의 회수기간을 계산하여 투자안을 평가하는 방법이다.

- 회계적이익률법accounting rate of return method은 평균이익률법average rate of rectum method이라고도 하며, 연평균 투자액 또는 총투자액에 대한 연평균 순이익의 비율을 구하여 각 투자안을 평가하는 방법이다.

- 내부수익률법internal rate of return method; IRR은 투자로부터 발생하는 내부수익률을 구하고 창업기업의 기대수익률과 비교하여 투자가치를 평가하는 방법이다.

- 순현가법net present value method; NPV은 투자로 인하여 발생되는 현금유입의 현가에서 현금유출의 현가를 차감한 순현가를 구하여 각 투자안들의 경제성을 분석하는 방법이다.

2. 자금조달결정 (Financing Decision)

자금조달결정은 기업이 자금을 어떻게 조달할 것인가에 대한 의사 결정으로써, 타인자본^{부채}과 자기자본^{자본}을 어떤 비율로 구성할 것인가를 결정한다.

그리고, 증권시장은 크게 발행시장과 유통시장으로 구성되어 있다. 발행시장은 창업기업 등의 발행주체와 투자자로 구성된 시장으로 유가증권의 신규발행시 형성되고, 유통시장은 이미 발행된 유가증권이 매매되는 시장이다.

- 발행시장issuing market은 발행주체인 창업기업, 정부 또는 공공기관 등에 의해 신규로 발행되는 시장을 말하며, 이를 일차적 시장Primary market이라고도 한다.

- 유통시장circulating market은 발행시장을 통해 발행된 증권이 투자자 사이에서 다시 매매되는 증권시장으로 이차적 시장secondary market이라고도 한다.

3. 유동성관리 (Liquidity Management)

유동성관리는 일상적인 영업활동에 필요한 현금의 유입과 유출을 관리하는 것을 의미한다. 즉 영업활동에서 발생하는 현금의 유입과 유출은 시간적인 측면에서 일치하지 않기 때문에, 창업기업은 이러한 현금흐름의 차이를 조정해야 한다.

또한 창업기업은 재무제표Financial Statements를 통해 재무관리를 하게 되는데, 재무제표에는 재무상태표, 손익계산서, 자본변동표, 현금흐름표, 주석으로 구성되어 있으며, 재무제표 간의 관계는 <그림 9-1>과 같다.

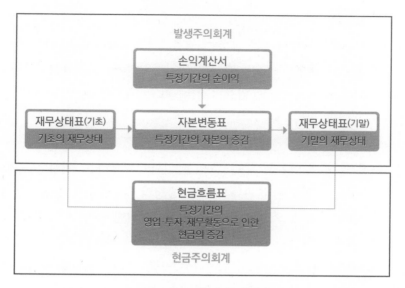

그림 9-1. 재무제표간 관계[1]

제3절 재무관리의 기본원리

1. 위험과 수익률

투자는 미래의 많은 불확실한 현금흐름을 얻기 위해 현재의 확실한 현금흐름을 포기하는 것으로 볼 수 있다. 기업의 투자결정과 그 투자결정의 결과 사이에는 항상 시차가 존재하며, 이 기간 동안 계속 변화하는 경제환경으로 인해 투자결정 결과에 대한 위험risk 내지는 불확실성uncertainty이 발생한다.

---

1 강봉준·배호영, 『회계원리』, 신영사, 2018, pp.289.

위험에 대한 개념은 재무관리와 관련된 모든 분야에 이용되고 있다. 일반적으로 기업의 의사결정은 위험 또는 불확실성 하에서 이루어지게 된다. 이러한 위험의 측정시 수익률의 분포가 정규분포를 이룬다는 가정 하에서 수익률의 분산^{variance} 또는 표준편차$^{standard\ deviations}$가 널리 사용되고 있다.

일반적으로 위험은 인플레이션, 이자율의 변동 등과 같이 모든 창업기업에 동시에 영향을 주는 요인들로부터 발생하는 체계적 위험$^{systematic\ risk}$과, 특정제품의 판매부진, 노동쟁의 등과 같이 창업기업이 처한 특수한 상황에 의해 나타나는 비체계적위험$^{unsystematic\ risk}$으로 구성된다. 체계적 위험은 시장위험$^{market\ risk}$이라고도 하는데 체계적 위험은 시장의 전반적인 상황에서 일어나는 만큼 기업이 분산투자해도 제거할 수 없는 분산불가능위험$^{nondiversifiable\ or\ unavoidable\ risk}$인 반면, 비체계적 위험은 특수위험$^{firm's\ specific\ risk\ or\ uique\ risk}$이라고도 하는데 여러 기업의 주식이나 채권 등에 분산투자함으로써 제거할 수 있는 분산가능위험$^{diversifiable\ or\ avoidable\ risk}$이다.

2. 가치평가

창업기업의 가치평가는 해외직접투자, 인수합병$^{M\&A}$ 등 글로벌경영의 의사결정에 가장 중요한 기준이 된다. 따라서 기업가치 평가는 창업자가 수행하여야 할 핵심적인 과제중의 하나이다. 기업가치는 기업이 현재 보유하고 있는 유·무형적 자산들의 미래수익 창출능력의 평가액이라 할 수 있다.

기본적으로 가치평가 모형은 창업기업의 자산가치를 현금흐름 및 기대성장률과 관련시킨 모형이다. 즉, 가치평가는 창업기업의 가치에 영향을 미치는 기술장벽, 최고경영자, 성장잠재력, 주주 등 정성적인 요소를 고려한 질적 접근방법과 현금흐름할인 discounted cash flow: DCF 모형, 상대가치평가모형, 본질가치평가, 옵션가격모형 등과 같이 정량적인 요소를 고려한 양적 접근방법으로 분류할 수 있다. 한편, 가치평가는 평가부문별로 재무평가, 기술평가, 산업평가 및 사업성평가 등으로 도 분류할 수 있다.

- 재무평가는 미래이익 창출가치와 투자조건 간의 상대적 가치 평가를 중심으로 하고 있다. 구체적으로 매출규모, 투자수익률, 회수기간, 회수시장 동향 등이 고려된다.

- 기술평가는 기술자체가 가지고 있는 금전가치를 평가하는 것이다. 구체적으로, 기술수명주기, 기술축적효과, 모방 및 대체가능성 등의 기술요소와 수요구조, 시장진입장벽, 시장경쟁상황, 유통구조 등 시장평가요소가 동시에 고려된다.

- 산업평가는 산업의 수요, 생산 및 판매구조, 정책, 경쟁상황 및 해외동향 등 산업 환경 요인이 고려된다.

- 사업성평가는 기술이나 비즈니스 모델을 사업화할 경우 미래 이익 창출능력에 대한 평가를 하는 것이다. 구체적으로, 경영자 능력, 투명성, 인력구성, 조직충성도, 보상체계 등 인적요소와 자본구성, 흐름, 소요자금 등 자본요소가 동시에 고려된다.

3. 재무전략

재무전략의 수립을 위해서는 일반적으로 아래와 같은 요인들이 종합적으로 고려되어야 한다.

- 투자자의 위험에 대한 인식
- 기업의 기대성장률
- 투자자의 기대수익률
- 소요자금의 규모와 사업가치의 평가
- 투자자의 요구조건 및 계약 특성
- 기업의 성장잠재력과 예상 회수시기

CHAPTER 10

창업기업의 생산운영관리

창업기업의 생산운영관리

제1절 생산운영관리의 개념

생산관리란 창업기업이 제품을 생산 및 관리하는 과정을 의미하는데, 제품을 생산하고 제품을 전달하는 과정의 전반적인 전과정을 포함한다. 이는 마케팅이나 재무관리와 같이 명확한 라인상의 업무 책임이 있는 비즈니스의 중요한 영역^{기능}중 하나이다.

최근에는 생산운영관리^{Production & Operations Management; POM}라는 용어가 생산관리^{Production Management; PM} 대신 많이 사용되고 있다. 이는 생산관리의 의미가 전통적인 제조업의 생산활동, 즉 유형의 제품생산을 관리하는 개념에서 시작되었으나, 현대 서비스산업의 성장은 제조업의 제품뿐만 아니라 서비스업의 서비스도 생산관리의 대상에 포함하게 되었다.

즉, 생산운영관리는 조직의 목표를 달성하기 위해 생산운영시스템과 하위시스템을 설계하고 계획하며, 그 실행결과를 계획과 대비하여 검토하고, 다음 계획에 반영^{feedback}하는 일련의 과정을 다루는 분야라 할 수 있다. 이 생산운영 관리과정을 통해 생산운영시스템을 유지하고 개선하며 발전시킨다.

제2절 생산운영시스템의 개념

1. 생산운영시스템의 목표

생산운영시스템이 주목을 받기 시작했던 시기는 1970년대 말부터이다. 이 시기부터 시작된 일본과 독일 등의 도전에 직면한 미국은 생산성, 품질, 제품설계, 고객서비스 등에 특별한 관심을 갖게 되었으며, 드디어 생산운영시스템이 세계시장에서의 경쟁적 무기이자 전략적 요소로 인정되기 시작하였다.

특히, 글로벌 경쟁이 심화되고 생산성 향상의 필요성과 품질에 대한 소비자의 요구가 강화되는 시대적 환경변화 속에서 결정적인 경쟁우위 요소로 작용하는 원가^{Cost}, 품질^{Quality}, 납기^{Delivery} 및 유연성^{Flexibility}과 같은 요소가 매우 중요함을 인식하기 시작하였다.

1) 원가 절감

가격경쟁이 치열한 일용품의 경우 판매가격이 경쟁의 결정적 요소가 된다. 이 때 결정되는 판매가격은 원가가 차지하는 정도에 따라 제품의 경쟁력을 지닐 수도 있으며 그렇지 않을 수도 있다. 이러한 원가 개념은 포터^{Porter} 교수가 제시한 원가우위 전략과 연계된다.

예를 들어, 최근 개인용 컴퓨터업계에서 세계 최고를 고수하고 있는 미국의 델^{Dell}이 채택한 가격파괴 전략이나 '매일최저가격으로 공급한다'는 슬로건으로 유명한 월마트가 취하는 전략이 바로 원가우위 전략이라고 할 수 있다.

2) 품질 개선

오늘날 시장에서 가장 강력한 경쟁우위 요소는 품질이다. 따라서 빈약한 품질로는 무한경쟁 상태에 놓여있는 현재의 시장상황에서 살아남기 어렵다. 일반적으로 소비자는 상품의 선택과정에서 가격보다 품질을 더 중시하는 것으로 나타나고 있다. 최근 경쟁차원으로서의 품질분야는 더욱 변모하고 있으며, 이러한 품질경영시스템을 TQM^{Total Quality management}이라고 한다.

예를 들어, Penn Shoen & Berland 컨설팅 회사는 가격, 품질뿐만 아니라 소비자가 녹색 제품에 더 많은 관심이 증대되고 있다고 밝혔다. 중국, 인도, 브라질 등에서 행해진 설문조사결과 70% 이상의 사람들이 품질과 건강이 결합된 친환경제품에 더 많이 지출할 것이라고 하였으며, 우리나라 역시 국내에서 녹색성장 정책을 강력추진하고 기업들의 친환경제품 개발에 대한 적극적인 정책적 지지의사를 밝혔다.

3) 납기 단축

납기^{리드타임(Lead Time)}란 고객이 주문한 시점에서 제품^{서비스}을 제공받기까지 걸리는 시간으로써, 고객은 기다리는 것을 싫어하므로 납기단축은 매우 중요하다. 창업기업은 내부혁신, 프로세스개선, 효율적 생산운영 등을 통해 납기단축에 노력을 기울여야 한다.

특히, 동일한 대상 또는 시장을 놓고 경쟁하는 기업이 양질의 제품과 서비스를 비슷한 가격으로 제공하는 경우 시간은 매우 중요한 경쟁요소로 작용할 수 있다.

오늘날 대부분의 고객은 최신의 제품을 가장 신속하게 전달받기 원한다. 미국 전 영역을 기준으로 24시간 내에 배송하겠다는 의지를 '24시간 운임환불제도'로 명문화하고 있는 항공화물 운송전문업체

Fedex와 '30분 이내 배달'을 고객과의 약속으로 실천하고 있는 도미노 피자의 성공은 시간 및 신속성에 의한 경쟁우위 확보의 대표적인 예가 된다.

4) 유연성 제고

환경변화의 불확실성에 빠르게 대응하기 위해서는 제품의 유연성과 공정의 유연성을 갖추어야만 한다. 먼저 제품의 유연성이란, 시장과 고객의 요구에 따라 제품을 신속하게 변경할 수 있는 능력을 통해 제품의 다양성을 확보하는 것을 의미한다. 최근 자동차와 가전 및 컴퓨터 제조업체 등을 중심으로 활발하게 전개되고 있는 모듈 설계는 다양한 고객의 요구사항을 충족시키면서도 대량생산에 의한 원가절감을 유지하는 수단으로 적극 활용되고 있다.

공정의 유연성이란 한 제품에서 다른 제품으로 빠르고 쉽게 공정을 변경하여 다양한 종류의 제품을 생산할 수 있는 능력을 의미한다. 수요패턴의 개성화, 다양화로 인한 제품수명이 짧아지는 추세에 효과적으로 대응하기 위해서는 생산라인을 '유연생산시스템^{flexible manufacturing system(FMS)}'으로 구축해야 한다.

2. 생산운영시스템의 구조

창업기업의 생산운영관리^{Production & Operation Management}는 원자재를 투입^{Input}시켜 제품이나 서비스로 산출^{Output}시키는 경영활동 또는 변환과정^{Process}을 의미하며, 이러한 투입, 산출, 과정은 프로세스 모형^{Process Model}의 핵심요소이다. 즉 생산운영관리를 프로세스 모형으로 설명하면 <그림 10-1>과 같다.

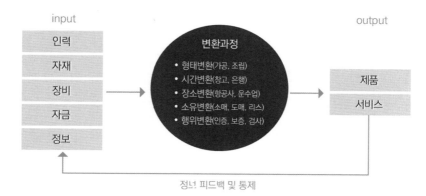

그림 10-1. 생산운영관리 프로세스 모형[1]

1) 투입물(Input)

노동력, 원자재, 기계설비, 고객 등 또는 다른 시스템이 생산한 완제품도 포함된다.

2) 변환과정(Transformation process)

하나이상의 투입요소를 받아들여 이를 변환하여 가치를 부가하고 산출물을 고객에게 제공하는 활동을 말한다. 변환에는 물리적^{제조}, 입지적^{수송}, 교환^{소매유통}, 저장^{창고}, 심리적^{의료 서비스}, 정보적^{통신 서비스} 인 유형을 전부 포함한다.

3) 산출물(Output)

산출은 변환과정의 결과로서 소망했던 재화나 서비스를 확보한다.

4) 피드백(Feedback)

피드백은 생산운영시스템의 투입, 산출, 변환과정에서 제품과 서비

---

1 허정수·노춘섭·장준호·김영환, 『경영스케치』, 도서출판 청람, 2014, 〈그림 10-1〉, pp.230.

스의 물리적 구조와 형태를 나타내 주는 정보로서 구두, 서면 또는 컴퓨터를 통하여 전달된다. 생산운영시스템에서 피드백은 투입물 변환과정, 산출물 사이의 의사소통 연결체계라 할 수 있다.

창업출구단계

CHAPTER 11

창업기업의 출구전략과 해외시장 진출

CHAPTER 11
창업기업의 출구전략과 해외시장 진출

앞에서 살펴본 바와 같이, 제1부^{Part1}에서는 창업준비단계, 제2부^{Part 2}에서는 창업시작단계, 제3부^{Part 3}에서는 창업운영단계에 대하여 학습하였다. 이 단계를 성공적으로 거치고 일정시간이 지나면, 창업팀^{창업자}은 출구전략을 심각히 고민해야 한다.

즉 출구전략이란 창업기업이 창업준비단계, 창업시작단계, 창업운영단계를 성공적으로 거치고 일정시간이 지나 창업팀^{창업자}이 투입된 자금을 어떤 방식으로 회수해야 하는지를 결정하는 것을 말한다.

창업팀^{창업자}에게 있어 창업기업의 시작이 중요한 만큼 창업기업의 마무리도 매우 중요하다. 따라서 본 장에서는 창업기업의 출구전략에 대하여 집중 학습하고자 한다. 이에 창업기업의 대표적인 출구전략인 기업공개와 인수합병에 대하여 살펴보고, 또한 해외로 사업을 확대하는 해외시장 진출^{글로벌 경영}에 대해서도 살펴보고자 한다.

제1절 기업공개

1. 기업공개의 개념

기업공개^{IPO : Initial Public Offering}란 창업기업이 공모를 통하여 일반 대중에게 발행주식을 분산시키고 기업의 실체를 알리는 것을 의미한다.

일반적으로 기업공개와 혼용하여 상장^{Listing}이란 용어를 사용하는데, 상장의 본 의미는 주식회사가 발행한 주권이 증권시장에서 거래될 수 있는 자격을 부여하는 것을 말한다.[1] 우리나라의 경우 코스닥^{KOSDAQ}에 상장된다.

2. 기업공개의 효과

기업공개 또는 상장의 긍정적 효과는 다음과 같다. 기업공개를 하게 되면 증권시장을 통해 주식거래가 가능해지므로 기업의 위상이 올라가고 기업의 자본조달이 용이하게 된다. 또한 양도소득세 비과세 및 관련 세금_{증권거래세, 농특세 등} 경감 혜택도 받게 되며, 기업이 국제적으로도 인정받을 수 있는 기회가 발생한다.[2]

하지만, 기업공개 또는 상장의 부정적 효과는 다음과 같다. 기업공개를 하게 되면 대주주의 기업에 대한 지배력이 약화되고 외부주주의 감시가 강화된다. 또한 대주주의 경영권에 대한 보호가 어려워질 수도 있다.

3. 기업공개의 관련 법률

기업공개 또는 상장의 준비할 때 창업팀^{창업자}은 반드시 관련 법률을 충분히 검토하여야 한다. 특히 상법, 자본시장법, 증권의 발행 및 공시에 관한 규정, 거래소 상장규정, 증권인수업무에 관한 규정 등에 대한 충분한 검토가 이루어져야 한다.

---

1 김종호·윤재홍·최유준, 『기술창업경영론』, 이프레스, 2016, pp.452.
2 김종호·윤재홍·최유준, 『기술창업경영론』, 이프레스, 2016, pp.452.

제2절 해외시장 진출

창업기업이 국내시장에서 성공적으로 정착하고 나면, 기업의 지속적 성장을 위하여 해외시장 진출도 적극 고려할 필요가 있다. 왜냐하면 현 시대가 글로벌경영 시대이기 때문에 국내시장만으로는 시장이 부족하기 때문이다.

이에 창업기업의 출구전략의 한 방안으로써 수출, 계약, 해외직접투자 등 해외시장진출 전략을 살펴보자. 창업기업은 일반적으로 수출, 계약, 해외직접투자 순으로 해외진출하는 경우가 많으나, 창업기업의 전략이나 글로벌 경험 등에 의해 순서는 달라질 수 있다. 또한 수출, 계약, 해외직접투자 순으로 갈수록 위험도 커지지만 이익도 커지게 된다.

1. 수출에 의한 해외진출방법

수출에 의한 해외진출방법은 간접수출과 직접수출로 크게 구분할 수 있다. 일반적으로 수출에 의한 해외진출방법은 해외경험이 많지 않은 창업기업이 우선적으로 채택하는 해외진출방법이다.

1) 간접수출

간접수출Indirect Export은 창업기업이 국내수출대리인이나 국내수출업자무역상사 등을 통해 해외로 수출하는 방법으로써, 고정자본투자가 필요 없는 장점이 있으나 이익도 적은 단점이 있다. 창업기업은 수수료만 부담하면 된다.

2) 직접수출

직접수출Direct Export은 창업기업이 해외판매대리인, 현지유통업자, 현지자회사 등을 통해 해외로 수출하는 방법으로써, 창업기업 자신이 해외시장에 대한 마케팅을 직접 수행할 수 있으며 현지시장으로부터 빠른 정보를 입수가능한 장점이 있지만, 간접수출에 비해 더 큰 위험이 발생하는 단점도 있다.

2. 계약에 의한 해외진출방법

계약에 의한 해외진출방법은 라이센스와 프랜차이즈로 크게 구분할 수 있다. 일반적인 경우 제조업은 라이센스, 서비스업은 프랜차이즈를 선택한다.

1) 라이센스

라이센스License란 공여기업Licensor이 수혜기업Licensee에게 무형자산상표권, 디자인 등을 제공해주고 로열티를 받는 것을 말한다. 일반적으로 수출이나 직접투자의 제한이 있거나, 수송비가 클 때, 정치적 위험이 클 때 선호되는 방법이다. 다만, 라이센스는 자신의 기술이나 브랜드의 통제가 어려우며, 해외직접투자에 비해 이익이 작고, 잠재적인 경쟁자를 육성할 위험이 존재하는 단점이 있다.

2) 프랜차이즈

프랜차이즈Franchise란 라이센스에 품질관리, 운영지원, 마케팅지원 등과 같은 경영관리까지 포함한 형태로 철저한 통제가 가능한 계약형태로써, 라이센스의 한 형태로 볼 수 있다. 즉 프랜차이즈란 공여기업 Franchisor, 본사이 수혜기업Franchisee, 가맹점에 무형자산상표권, 디자인 등을 제공해주고 로열티를 받는 것을 말한다. 장점으로는 표준화된 마케팅과 규모의 경제가 가능하지만, 단점으로는 품질관리가 어렵고 잠재적인 경쟁자로 성장할 수 있다는 점이 있다.

3. 해외직접투자에 의한 해외진출방법

해외직접투자에 의한 해외진출방법은 합작투자, 단독투자, 인수합병으로 크게 구분할 수 있다.

1) 합작투자

합작투자Joint Venture는 창업기업이 해외직접투자시 현지기업과의 지분공유를 통해 합작법인을 설립하는 방법이다. 합작투자의 경우 전략적 제휴의 한 형태로 볼 수 있으며, 단독투자에 비해 위험도 적고 이익도 적게 발생한다. 합작투자의 장점은 현지정보 습득에 유리하며 현지 네트워크 창출에 유리하다는 점이며, 단점은 합작기관파트너과의 갈등 발생시 조정이 어려우며 합작기관이 잠재적 경쟁자가 될 수도 있다는 점이다.

2) 단독투자

단독투자Sole Venture는 창업기업이 해외직접투자시 100% 자체지분으로 현지법인을 설립하는 방법이다. 단독투자를 신설투자라고도 한다. 단독투자의 장점은 완벽한 현지경영이 가능하다는 점이며, 단점은 준비시간이나 투자비용이 많이 소요된다는 점이다. 단독투자의 경우 위험은 많지만 이익도 많다.

3) 인수합병

인수합병M&A : Merger & Acquisition이란 대기업이나 글로벌기업이 창업기업을 인수 또는 합병하는 것을 의미한다. 인수Acquisition는 대기업이나 글로벌기업이 창업기업을 인수하여 창업기업을 존속시키면서 경영권을 행사하는 것을 의미하며, 합병Merger이란 대기업이나 글로벌기업이 창업기업을 인수하여 하나의 기업으로 합치는 것을 의미한다. 세부적인 인수합병 관련내용은 다음 절제3절에서 세부적으로 설명한다.

제3절 인수합병

1. 인수합병의 개념

인수합병M&A : Merger & Acquisition이란 대기업이나 글로벌기업이 창업기업을 인수 또는 합병하는 것을 의미한다. 인수Acquisition는 대기업이나 글로벌기업이 창업기업을 인수하여 창업기업을 존속시키면서 경영권을 행사하는 것을 의미하며, 합병Merger이란 대기업이나 글로벌기업이 창업기업을 인수하여 하나의 기업으로 합치는 것을 의미한다.

2. 인수합병의 목적

1) 핵심기술 확보

대기업이나 글로벌기업은 창업기업이 가지고 있는 핵심기술을 손쉽게 확보하기 위하여 창업기업을 인수합병하는 경우가 많다. 예를 들어, 기존 카카오 기업을 다음이 인수한 사례가 대표적이다.

2) 신산업 진출

대기업이나 글로벌기업이 기존에 진출하지 않은 신산업에 진출하고자 하는 경우 추가적인 생산설비를 하는 것보다 기존 창업기업을 인수합병하는 것이 보다 효율적일 것이다. 또한 신산업에 신속한 시장진입을 위해서도 인수합병이 보다 효율적일 것이다.

3) 시너지 효과

인수합병의 경우 두 기업 간에 시너지 효과가 발생하여야 인수합병이 성공적으로 진행될 수 있다. 이에 인수합병후 시너지 효과가 발생할 수 있을지를 신중히 고민해서 인수합병 절차를 진행해야 할 것이다.

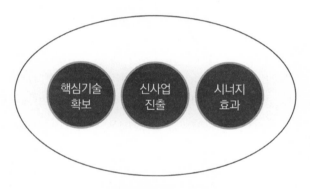

그림 11-1. 인수합병의 목적

3. 인수합병의 절차

대기업이나 글로벌기업에서 창업기업을 인수하기로 결정하였다면, 인수합병의 절차는 <그림 11-2>와 같이 인수합병팀 구성, 전략적 검토, 재무적 검토, 인수합병 조건협상, 인수합병후 통합 등 5단계를 거친다. 세부내용은 다음과 같다.

1) 인수합병팀 구성

인수합병을 검토 및 준비하기 위해서는 변호사, 회계사, 법학박사, 경영학박사, 사업책임자 등 인수합병전담팀Task Force Team을 구성하는 것이 중요하다. 즉 인수합병전담팀을 주축으로 하여 인수합병을 신중하게 검토하고 준비하는 것이 효율적이다.

2) 전략적 검토 (1차적 평가)

인수합병팀 구성후 인수대상기업의 발굴, 규모 및 범위의 효과 예측, 시너지 효과 검토, 인수대상기업의 매각의사 확인 등 전략적 검토를 실시한다. 이 단계에서 인수합병 여부를 전략적·1차적으로 결정한다.

3) 재무적 검토 (2차적 평가)

전략적 검토가 실시되면 인수대상기업의 실질적 기업가치 평가가 진행된다. 특히 인수대상기업의 자산가치, 기술력, 영업권, 분식회계, 기타채무 등을 재무적으로 분석하여, 인수대상기업의 인수대상여부를 재무적·2차적으로 결정한다.

4) 인수합병 조건협상

기업가치 평가를 통해 인수대상기업의 기업가치 평가가 완료되면 인수합병조건에 대한 세부협상이 진행된다. 이 단계에서 인수가격과 인수조건이 결정된다.

5) 인수합병후 통합

인수가격과 인수조건이 합의가 되면 구체적인 통합절차를 실행한다. 인수합병후 통합이 성공적으로 진행되기 위해서는 인수합병후에도 조직문화 관리가 필수적이고 종업원들의 반대를 잘 설득할 필요가 있다.

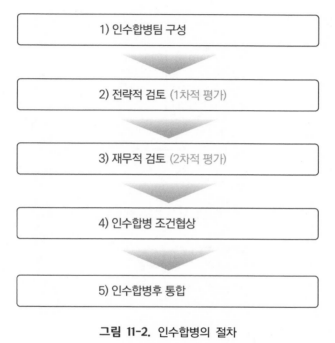

그림 11-2. 인수합병의 절차

CHAPTER 12

창업기업의 혁신

CHAPTER 12
창업기업의 혁신

제1절 혁신의 개념

1. 혁신의 개념

슘피터^{Schumpeter(1934)}가 그의 저서^{Capitalism, Socialism, and Democracy}를 통해 '창조적 파괴'라는 개념을 제시하였다. 그가 제시한 창조적 파괴란 창업기업가정신을 통해 기업이 기존에 존재하던 제품, 생산과정, 시장관행, 시장구조 등을 파괴하는 것을 의미한다.[1]

이러한 창조적 파괴가 바로 혁신^{Innovation} 이론의 시초로 볼 수 있는데 혁신은 학자에 따라 그 정의가 조금씩 상이하다. 여러 학자들의 혁신에 대한 정의를 종합해보면, 혁신이란 새로운 제품, 프로세스, 경영방식을 통해 기업의 경쟁우위를 창출하는 과정이라고 할 수 있을 것이다.

---

1 배호영, "조직여유가 기업성과에 미치는 영향에 관한 연구 : 혁신의 매개효과 및 기업명성의 조절효과", 영남대학교 박사학위논문, 2014, pp.28-29.

표 12-1. 혁신의 정의[2]

연구자	혁신의 정의
Schumpeter (1934)	혁신이라는 것은 단순히 그 표면적 문제의 다름의 문제가 아니라 대상의 본질을 변화시켜 전에 없었던 것을 만들어 내는 것
Amabile (1988)	개인이나 조직이 창의적인 아이디어를 선택하여 유용한 제품, 서비스 또는 공정으로 전환시키는 과정
Farr (1989)	새로운 아이디어, 절차, 제품 등을 조직내에 의도적으로 도입하고 적용하여 개인 및 조직의 성과를 높여주기 위해 설계되는 것
Kessler (2004)	새로운 도구, 시스템, 정책, 프로그램, 제품, 서비스 등을 창안하고 개발하여 실행하는 것
배호영 (2014)	새로운 제품, 프로세스, 경영방식을 통해 기업의 경쟁우위를 창출하는 과정

2. 혁신의 유형

혁신의 유형은 그 대상과 내용에 따라 제품혁신, 프로세스혁신, 경영혁신으로 구분할 수 있다. 또한 제품혁신과 프로세스혁신을 묶어 기술혁신 Technological Innovation 라고도 한다.

1) 제품혁신

제품혁신 Product Innovation 이란 창업기업이 새로운 제품이나 서비스를 개발하는 역량으로 정의할 수 있으며, 광의적 의미의 제품혁신의 개념에는 제품혁신뿐만 아니라 서비스혁신도 포함한다. 예를 들어, 제조업에서 새로운 핸드폰을 개발하거나 서비스업에서 새로운 메뉴를 개발하는 것을 의미한다. 창업기업은 제품혁신을 위해 지속적으로 노력해야 하며, 최근 제품수명주기 Product Life Cycle(PLC) 가 지속적으로 짧아지고

---

2 배호영, "조직여유가 기업성과에 미치는 영향에 관한 연구 : 혁신의 매개효과 및 기업명성의 조절효과", 영남대학교 박사학위논문, 2014, pp.30.

있어 창업기업의 제품혁신이 더욱 중요시되고 있다.

2) 프로세스혁신

프로세스혁신Process Innovation이란 창업기업이 효과성 및 효율성을 달성하기 위해 업무 프로세스를 변화시키는 역량을 의미한다. 예를 들어, a, b, c 프로세스를 a'로 통합시키거나 a, b, c 프로세스의 순서를 c, b, a로 바꾼다면 이를 프로세스 혁신이라고 할 수 있다.

3) 경영혁신

경영혁신Managerial Innovation이란 창업기업이 새로운 경영 및 관리시스템을 도입하는 역량을 의미한다. 예를 들어, 새로운 경영자가 경영 또는 관리방식을 바꾸거나, 카리스마 리더십에서 변혁적 리더십으로 리더십 방식을 바꾸는 것을 의미한다.

제2절 기업성과와 조직여유 간의 관계

1. 혁신과 기업성과

혁신과 기업성과 간의 관계에서 있어서 긍정적인 영향이 있다는 주장과 부정적인 영향이 있다는 주장이 서로 논쟁이 되고 있지만, 필자는 혁신이 창업기업의 기업성과에 긍정적인 영향을 미친다고 주장하며 그 근거를 다음과 같이 제시한다.[3]

---

3 배호영, "조직여유가 기업성과에 미치는 영향에 관한 연구 : 혁신의 매개효과 및 기업명성의 조절효과", 영남대학교 박사학위논문, 2014, pp.34-35.

- 제품혁신은 창업기업의 블루오션Blue Ocean을 창출할 수 있게 해준다.
- 제품혁신은 창업기업의 경쟁우위Competitive Advantage를 창출할 수 있게 해준다.
- 프로세스 혁신은 창업기업의 효율성Efficiency에 도움을 준다.
- 경영혁신은 창업기업의 리더십과 동기부여에 도움을 준다.
- 종합해보면, 혁신은 창업기업의 기업성과에 긍정적인 영향을 준다.

2. 조직여유와 혁신

조직여유Organizational Slack란 경영에 필수적으로 요구되는 경영자원 이상의 잉여자원으로써, 잉여인력, 잉여자금, 잉여설비, 잉여재료 등을 의미한다. 조직여유와 혁신 간의 관계에 있어서 긍정적인 영향이 있다는 주장과 부정적인 영향이 있다는 주장이 서로 논쟁이 되고 있지만, 필자는 조직여유가 제품혁신, 프로세스혁신, 경영혁신 등 혁신에 긍정적인 영향을 미친다고 주장하며 그 근거를 다음과 같이 제시한다.[4]

- 최근 선진 경영기법과 과학적 경영시스템 등으로 인해 현금, 유가증권과 같은 유동적인 여유자산의 효율적 활용이 가능해졌다.

- 창업기업의 조직여유가 많은 경우, 창업팀의 실패에 대한 부담감을 줄여주어 혁신에 대한 새로운 시도에 기여한다.

---

4 배호영, "조직여유가 기업성과에 미치는 영향에 관한 연구 : 혁신의 매개효과 및 기업명성의 조절효과", 영남대학교 박사학위논문, 2014, pp.16-17.

3. 조직여유, 혁신, 기업성과 간의 관계에 관한 실증분석 연구사례

제1절^{혁신과 기업성과}과 제2절^{조직여유와 혁신}을 종합하여, 조직여유, 혁신, 기업성과 간의 관계에 관해 실제 연구사례를 적용해보면 다음과 같다. 본 연구는 필자의 박사학위논문 초록으로써, 조직여유를 흡수되지 않은 여유^{현금, 유가증권 등}와 흡수된 여유^{잉여인력, 잉여설비 등}로 구분하여, 조직여유^{흡수되지 않은 여유, 흡수된 여유}, 혁신^{제품혁신, 프로세스혁신, 경영혁신}, 기업성과 간의 관계를 분석한 실증분석 연구이다.

◐◐ 사례

조직여유가 기업성과에 미치는 영향에 관한 연구
: 혁신의 매개효과 및 기업명성의 조절효과

(배호영, 영남대학교 경영학과 박사학위논문 초록, 2014년)

본 연구는 조직여유가 기업성과에 미치는 영향에 있어서 혁신의 매개효과와 기업명성의 조절효과를 분석하기 위한 실증 분석 연구이다. 이를 위해 조직여유, 혁신, 기업명성에 대한 기존 이론과 실증 연구들을 포괄적으로 검토하여 연구모형을 구축한 후 각 변수들 간의 관계를 실증 분석하였다.

2013년 11월 18일부터 12월 16일까지 1개월간 제조업에 속하는 대기업 및 중소기업을 대상으로 설문지 400부를 배포 및 회수하여 250부(개사)의 유효 표본을 분석에 사용하여 실증분석을 통해 다음과 같은 결과를 도출하였다.

첫째, 현금이나 유가증권과 같은 흡수되지 않은 여유는 제품혁신, 프로세스혁신, 경영혁신 모두에 유의한 정(+)의 영향을 미치는 반면, 여유인력이나 여유설비와 같은 흡수된 여유는 제품혁신, 프로세스혁신, 경영혁신 모두에 유의한 영향을 미치지 않는다.

둘째, 제품혁신과 경영혁신은 기업성과에 유의한 정(+)의 영향을 미치지만, 프로세스혁신은 기업성과에 유의한 영향을 미치지 않는다.

셋째, 제품혁신, 프로세스혁신, 경영혁신은 흡수되지 않은 여유와 기업성과 간의 관계에서는 긍정적으로 부분매개하는 반면, 흡수된 여유와 기업성과 간의 관계에서는 매개역할을 하지 못한다.

넷째, 기업명성은 흡수되지 않은 여유와 제품혁신, 흡수되지 않은 여유와 경영혁신과의 관계에서 순수조절효과를 나타내는 반면, 흡수된 여유와 제품혁신, 흡수된 여유와 프로세스혁신, 흡수된 여유와 경영혁신, 흡수되지 않은 여유와 프로세스혁신과의 관계에서는 조절효과를 나타내지 않는다.

결론적으로, 잉여자원인 조직여유는 현재와 같이 급변하고 불확실한 경영환경 속에서 기업의 낭비 요소가 아닌 혁신을 위한 중요한 핵심 자산이며, 특히 현금이나 유가증권 등과 같은 흡수되지 않은 여유가 혁신과 기업성과에 긍정적인 영향을 미칠 수 있으므로 흡수되지 않은 여유의 특별한 관리가 필요하다.

또한 기업명성 관리는 흡수되지 않은 여유가 혁신에 미치는 영향을 더욱 강화할 수 있으므로 조직 내부적으로는 새로운 제품 및 기술개발을 통한 혁신 창출이라는 차원에서 중요한 의미를 가지며, 조직 외부적으로는 고객과의 신뢰 확보라는 차원에서 중요한 의미를 가진다고 보여지므로 기업의 명성관리는 기업 생존을 위한 선택이 아닌 필수조건이라고 할 수 있다.

제3절 개방형 혁신과 가치 혁신

1. 개방형 혁신

개방형 혁신Open Innovation이란 미국 버클리 대학의 체스브로Henry Chesbrough (2003) 교수가 제안한 개념으로써, 기업내부의 지식과 아이디어를 외부로 공개하거나 기업외부의 혁신적 아이디어를 흡수하여 혁신하는 것을 의미한다.[5]

---

5 김태웅, 『서비스운영관리』(제2판), 신영사, 2014, pp.433.

이러한 개방형 혁신에서 '개방성'이 핵심이며, 체스브로 교수는 개방형 혁신과 관련해서 다음과 같은 주장을 하고 있다.[6]

- 창업기업의 경영자는 개방형 혁신을 통해 전략과 리더십을 수립해야 한다.
- 창업기업의 개방형 혁신은 지속가능경영을 강화한다.
- 창업기업의 개방형 혁신은 제품의 품질과 다양성에 기여한다.

이러한 개방형 혁신은 크게 Inward 혁신과 Outward 혁신으로 구분할 수 있다.

- Inward 혁신Outside-In 혁신이란 기업외부의 아이디어나 의견을 제품이나 서비스의 기획에 적극 반영하는 것을 의미한다. 예를 들어, 새로운 냉장고를 개발할 때 주부들의 의견을 적극 반영하는 것이 그 예가 될 수 있다.

- Outward 혁신Inside-Out 혁신이란 기업내부의 아이디어나 노하우를 기업외부로 공유하여 외부고객들이 활용하여 발전시킬 수 있는 것을 의미한다. 예를 들어, 리눅스Linux는 자기 프로그램에 대한 권리를 주장하지 않고 외부로 공유하여 수많은 사람들이 참여할 수 있게 해주어 결국 세계적인 OS가 된 것이 그 예가 될 수 있다.

따라서 창업기업은 이러한 개방형 혁신을 적극 활용하여 기업성과를 극대화할 필요가 있다. 특히 창업기업은 외부 아이디어를 적극 수

---

6 안영진, 『변화와 혁신』(제4판), 박영사, 2018, pp.298.

용하여 소비자들의 변화하는 욕구를 만족시킬 수 있어야 성공가능성이 높아진다.

2. 가치 혁신

가치 혁신Value Innovation이란 창업기업 입장에서의 제품이나 서비스 혁신에 초점을 두는 것이 아니라 소비자 입장에서의 제품이나 서비스 가치에 초점을 두는 개념으로써, 고객의 입장에서 가치를 혁신시키는 것을 의미한다.

이러한 가치 혁신을 위해서는 현재 제공하는 있는 제품이나 서비스의 가치를 대체할 수 있는 가치대체재나 보완할 수 있는 가치보완재를 반드시 고려해 볼 필요가 있다.[7]

- 대체재 : 현재 우리가 제공하고 있는 가치를 대체할 수 있는 가치는 무엇인가?
- 보완재 : 현재 우리가 제공하고 있는 가치를 보완할 수 있는 가치는 무엇인가?

또한 가치 혁신을 위한 핵심요소에는 다음과 같은 요소들이 있다.[8]

- 축소 : 현재 제공하고 있는 가치 중 축소해도 되는 가치는 무엇인가?
- 제거 : 현재 제공하고 있는 가치 중 제거해도 되는 가치는 무엇인가?

---

7 김태웅, 『서비스운영관리』(제2판), 신영사, 2014, pp.437.
8 김태웅, 『서비스운영관리』(제2판), 신영사, 2014, pp.440.

- 확대 : 현재 제공하는 있는 가치 중 확대해야 하는 가치는 무
  엇인가?
- 창조 : 현재 제공하고 있지 않지만 새롭게 추가해야 하는 가치
  는 무엇인가?

따라서 창업기업은 이러한 가치 혁신을 적극 활용하여 기업성과를 극대화할 필요가 있다. 특히 창업기업은 소비자 입장에서 가치의 축소, 제거, 확대, 창조 등을 종합적으로 고려하여 창업기업 제품이나 서비스의 가치혁신에 지속적으로 노력해야 할 것이다.

3. 창업기업의 혁신

종합해보면, 현재 창업환경은 매우 급변하고 있으며 융합을 기반으로 하는 4차 산업혁명 시대에 도래하였다[제2장]. 이에 창업팀은 창업기업가정신을 가지고 창업전략을 수립하여 창업기업 설립을 적극적으로 준비해야 한다[제3장]. 또한 창업자[들]는 다양한 창업아이템을 선정하고 심도있게 창업타당성을 분석하여 창업사업계획서를 작성하고 창업기업을 설립해야 한다[제4~6장].

이후 창업기업을 운영함에 있어, 창업팀은 인적자원관리[제7장], 마케팅관리[제8장], 재무관리[제9장], 생산운영관리[제10장] 등 창업경영관리에 체계적·전략적인 노력을 기울여야 하며, 창업기업이 어느 정도 성장 또는 성숙하게 되면 기업공개, 해외시장 진출, 인수합병 등도 적극 고려해야 한다[제11장]. 이와 더불어, 창업기업의 지속가능경영을 위해서는 개방형 혁신과 가치 혁신에도 많은 노력을 기울어야 한다[제12장].

마지막으로, 창업은 양날의 칼과 같아서, 충분히 준비하여 성공하면 많은 부와 명예를 안겨주지만 준비에 소홀하여 실패하면 많은 손

해도 안겨줄 수 있다. 이에 창업팀은 창업기업가정신을 바탕으로 창업아이템선정, 창업타당성분석, 창업경영관리, 창업출구전략, 글로벌경영, 혁신 등에 모든 열정을 아끼지 말아야 할 것이다.

| 참고문헌 |

강봉준·배호영, 『회계원리』, 신영사, 2018.

김종호·윤재홍·최유준, 『기술창업경영론』, 이프레스, 2016.

김태웅, 『서비스운영관리』(제2판), 신영사, 2014.

방용성·주윤황, 『컨설팅 방법론』, 학현사, 2015

배호영, "4차 산업혁명 시대의 경영학 교육 혁신과 전문자격사 제도 선진화 방안", 『상업교육연구』, 제31권 제6호, 2017.

배호영, "국내 중소기업 발전을 위한 경영·기술지도사 제도 선진화 방안 연구", 『법과정책』, 제22집 제3호, 2016.

배호영, "조직여유가 기업성과에 미치는 영향에 관한 연구 : 혁신의 매개효과 및 기업명성의 조절효과", 영남대학교 박사학위논문, 2014.

변상우·허갑수·배호영, 『21세기를 선도하기 위한 경영학의 이해』, 피앤씨미디어, 2017.

안영진, 『변화와 혁신』(제4판), 박영사, 2018.

유성은, 『스토리 창업과 경영사례』, 피앤씨미디어, 2015.

유성은, 『스토리 창업과 경영사례』(제2판), 피앤씨미디어, 2017.

이상호, 『재무관리』, 피앤씨미디어, 2014.

이상호, 『창업실무』, 피앤씨미디어, 2017.

이원재, "이스라엘의 기업가정신 – 이스라엘 기업가정신과 육성에 대해", 『과학기술정책』, 제24권 제3·4호, 2014.

장세진, 『경영전략』(제8판), 박영사, 2015.

나포커스, "높은 청년실업률 극복, 프랜차이즈 소액창업으로 청년창업자를 꿈꾸게 하다", 2018.2.19.

충북일보, "옥천군·농협옥천지부 복숭아 판촉행사", 2015.8.15.

한겨레신문, "내맘 속인 억지답안, 그들은 안다", 2010.9.28.

허정수·노춘섭·장준호·김영환, 『경영스케치』, 도서출판 청람, 2014.

| 찾아보기 |

ㅈ

저자 소개

배 호 영

경북대학교 경영학사, 공학사
경북대학교 경영학석사 (전략 및 조직관리 전공)
영남대학교 경영학박사 (인사조직 전공)
동아대학교 법학박사 (국제관계·국제금융 전공)
한국벤처창업학회 이사, 한국전략경영학회 이사, 한국사회법학회 이사
現) 우송대학교 철도경영학과 초빙교수

박 창 기

영남대학교 경영학박사 (경영정보시스템 전공)
경영지도사, 창업보육전문매니저, 창업지도사
現) 대구광역시 북구청 기업경영지원단 상담관
現) 소상공인진흥공단 상인교육 강사
現) 중소기업유통센터 마케팅지원사업 평가위원
現) 장애인기업지원센터 창업교육 전문위원
前) 영진전문대학교, 경일대학교, 영남대학교 외래교수

창업의 이해

초판발행	2019년 1월 31일
중판발행	2020년 9월 30일
지은이	배호영·박창기
펴낸이	안종만·안상준
편 집	조혜인
기획/마케팅	정연환
표지디자인	김연서
제 작	우인도·고철민
펴낸곳	(주) **박영사**
	서울특별시 종로구 새문안로3길 36, 1601
	등록 1959. 3. 11. 제300-1959-1호(倫)
전 화	02)733-6771
f a x	02)736-4818
e-mail	pys@pybook.co.kr
homepage	www.pybook.co.kr
ISBN	979-11-303-0671-1 03320

* 파본은 구입하신 곳에서 교환해 드립니다. 본서의 무단복제행위를 금합니다.
* 저자와 협의하여 인지첩부를 생략합니다.

정 가   16,000원